Training International

Herausgegeben von Jochem Kießling-Sonntag

Jutta Kreyenberg

Konfliktmanagement

deutsch – englisch

Cornelsen

Der Herausgeber
Dr. Jochem Kießling-Sonntag (jks@trainsform.de) ist Managementtrainer, Organisationsentwickler und Gründer der Managementberatung trainsform. Er begleitet Unternehmen bei Veränderungsprozessen, betreut umfassende Trainingsprojekte, leitet Führungs- und Teamtrainings und bildet Trainer aus.

The Editor
Dr. Jochem Kießling-Sonntag (jks@trainsform.de) is the founder of the management consultancy trainsform and also an experienced management trainer and organisation developer. He advises companies in change processes, is responsible for comprehensive training projects, conducts management and team trainings and also trains trainers.

Verlagsredaktion: Christine Schlagmann
Übersetzung: John J. Collier / A&W Sprachendienst GmbH, Witten
Technische Umsetzung: Christian Jackmuth, Dormagen
Umschlaggestaltung: Gabriele Matzenauer, Berlin
Titelfoto: Hans Neleman, getty images

Informationen über Cornelsen Fachbücher und Zusatzangebote:
www.cornelsen.de/berufskompetenz

1. Auflage

© 2008 Cornelsen Verlag Scriptor GmbH & Co. KG, Berlin

Das Werk und seine Teile sind urheberrechtlich geschützt.
Jede Nutzung in anderen als den gesetzlich zugelassenen Fällen bedarf der vorherigen schriftlichen Einwilligung des Verlages.
Hinweis zu den §§ 46, 52 a UrhG: Weder das Werk noch seine Teile dürfen ohne eine solche Einwilligung eingescannt und in ein Netzwerk eingestellt oder sonst öffentlich zugänglich gemacht werden. Dies gilt auch für Intranets von Schulen und sonstigen Bildungseinrichtungen.

Druck: Druckhaus Thomas Müntzer, Bad Langensalza

ISBN 978-3-589-23974-0

Inhalt gedruckt auf säurefreiem Papier aus nachhaltiger Forstwirtschaft.

Inhaltsverzeichnis/Contents

Einführung 6

Introduction 7

1 Definition von sozialen Konflikten 8
1.1 Konflikte sind Spannungsfelder 8
1.2 Verschiedene Konfliktarten unterscheiden 12

1 Definition of Social Conflicts 9
1.1 Conflicts are Tension Fields 9
1.2 Distinguishing Different Conflict Types 13

2 Konflikte erkennen 20
2.1 Anzeichen für sich anbahnende Konflikte 20
2.2 Killerphrasen 26

2 Recognising Conflicts 21
2.1 Signs of Emerging Conflicts 21
2.2 Killer Phrases 27

3 Konfliktentstehung und -verlauf 28
3.1 Phasen im Konfliktverlauf 28
3.2 Kalte und heiße Konflikte unterscheiden 32
3.3 Die Konfliktgeschichte erzählen 36
3.4 Grundlegende Eskalationsmechanismen erkennen 40
3.5 Die Eskalationsphase des Konflikts bestimmen 46

3 The Emergence and Course of Conflicts . 29
3.1 Phases in the Course of a Conflict 29
3.2 Distinguishing Between Cold and Hot Conflicts 33
3.3 Recounting the History of the Conflict 37
3.4 Recognising Fundamental Escalation Mechanisms ... 41
3.5 Determining the Escalation Phase of a Conflict 47

4 Konflikte als Chance 56
4.1 Sich gegenüber Konflikten positiv positionieren 58
4.2 Blockaden überwinden ... 60
4.3 Widerstand in Veränderungsprozessen konstruktiv steuern 64

4 Conflicts as Opportunities 57
4.1 Positively Positioning Oneself in the Face of Conflicts 59
4.2 Overcoming Blockages 61
4.3 Constructively Directing Resistance in Processes of Change 65

5 Konfliktprävention 66
5.1 Eine Gewinnerhaltung einnehmen 68
5.2 Persönliche Stabilität gewinnen 76
5.3 Rollen klären 80
5.4 Beziehungen pflegen 82
5.5 Gruppendynamik verstehen 84
5.6 Prozesse reflektieren 86

5 Conflict Prevention 67
5.1 Adopting a Winning Posture 69
5.2 Obtaining Personal Stability 77
5.3 Clarifying roles 81
5.4 Relationship Management 83
5.5 Understanding Group Dynamics 85
5.6 Reflecting on Processes 87

Inhaltsverzeichnis/Contents

5.7	Strukturelle Spannungsfelder ausbalancieren....... 88		5.7	Balancing Structural Tension Fields 89
	📝 Beziehungen visualisieren...................... 92			📝 Visualising Relationships..................... 93
5.8	Systemlogiken begreifen............................ 94		5.8	Understanding System Logics................................. 95
5.9	Unternehmenskultur pflegen.............................. 96		5.9	Maintaining Corporate Culture............................... 97

6 Lösungsverfahren je nach Eskalationsgrad.............................. 98

6.1 Konfliktlösungsgespräche führen 100
6.2 Sachgerecht verhandeln.. 104
6.3 Konflikte moderieren........ 106
6.4 Einen Mediator einsetzen........................... 110
6.5 Schlichtungsstellen einschalten...................... 114
6.6 Trennungen fair managen.......................... 116

6 Solution Procedure According to the Degree of Escalation 99

6.1 Conducting Conflict Resolution Discussions 101
6.2 Principled Negotiation 105
6.3 Moderating Conflicts........ 107
6.4 Appointing a Mediator..... 111
6.5 Involving Arbitration Boards 115
6.6 Managing Separations Fairly................................. 117

7 Konfliktlösung durch Persönlichkeitsentwicklung 120

7.1 Mit dem inneren Team arbeiten........................... 120
7.2 Entscheidungen managen.......................... 124
7.3 Emotionen erkennen und steuern..................... 126
7.4 Stress bewältigen 130

7 Conflict Resolution Through Personality Development 121

7.1 Working with the Internal Team.................... 121
7.2 Managing Decisions 125
7.3 Recognising and Controlling Emotions........ 127
7.4 Managing Stress 131

8 Konfliktlösung durch Kommunikation....................... 134

8.1 Beziehung herstellen und Körpersprache einsetzen......................... 134
8.2 Aktives Zuhören und Spiegeln 138
8.3 Ich-Botschaften und Feedback geben 140
8.4 Einen Dialog führen und Blockaden vermeiden 142
8.5 Metakommunikation nutzen............................. 144
8.6 Humor einsetzen 146
📝 Gewaltfreie Kommunikation................. 148

8 Conflict Resolution through Communication...... 135

8.1 Establishing a Relationship Using Body Language 135
8.2 Active Listening and Reflecting............................ 139
8.3 Providing "I" Messages and Feedback..................... 141
8.4 Conducting Dialogue and Avoiding Blockages... 143
8.5 Using Metacommunication 145
8.6 Using Humour 147
📝 Nonviolent Communication.................. 149

Inhaltsverzeichnis/Contents

9 Konfliktlösung durch Teamentwicklung 150

9.1 Wirksam führen und Teamspielregeln vereinbaren 150
9.2 Systemisch fragen 154

10 (Inter-)kulturelle Konflikte 158

10.1 Kulturelle Ordnungsprinzipien erkennen 160
10.2 Kulturbewusstsein entwickeln 164
10.3 Kulturelle Konfliktdimensionen unterscheiden 170
10.4 Interkulturelle Kompetenz entwickeln 172
10.5 Die Organisation entwickeln 176
   📝 Eine konstruktive Streitkultur entwickeln 180

11 Umgang mit Mobbing 182

11.1 Hintergründe kennen 182
11.2 Strukturelle Bedingungen schaffen 184
11.3 Psychologische Spiele und Machtspiele beenden 188
11.4 Aktiv (Gespräche) führen 190

Stichwortverzeichnis 194

Literaturverzeichnis 196

Die Autorin 198

9 Conflict Resolution through Team Development 151

9.1 Effective Management and Agreeing on Team Rules 151
9.2 Systemic Questions 155

10 (Inter-) Cultural Conflicts 159

10.1 Recognising Cultural Organising Principles 161
10.2 Developing Cultural Awareness 165
10.3 Distinguishing Cultural Conflict Dimensions 171
10.4 Developing Intercultural Competence 173
10.5 Developing the Organisation 177
   📝 Developing a Constructive Conflict Culture 181

11 Handling Mobbing 183

11.1 Knowing the Background 183
11.2 Creating Structural Conditions 185
11.3 Ending Psychological Games and Power plays 189
11.4 Managing (Discussions) Actively 191

Index 194

Bibliography 196

The Author 198

Einführung

Konflikte im beruflichen Alltag sind insbesondere mit zunehmender Globalisierung und Vernetzung normal. Oft nicht so einfach ist deren Bewältigung, vor allem, wenn es um Spannungen im interkulturellen Kontext geht. Durch Maßnahmen wie Personalabbau, Outplacement, Zentralisierung und Dezentralisierung, Firmenan- und -verkäufe geraten Firmen und die Menschen in den Firmen in vielfältige persönliche, sachliche, organisatorische und professionelle Spannungsfelder. Aufgrund der wachsenden Komplexität von Unternehmen wird ein konstruktiver Umgang mit Meinungsverschiedenheiten, zwischenmenschlichen Differenzen oder Interessensunterschieden immer notwendiger.

In diesem Buch erhalten Sie einen Einblick in das Entstehen und die Dynamik von Konflikten im beruflichen Alltag. Außerdem erfahren Sie, wie Sie destruktive Konflikte vermeiden und mit unvermeidbaren und/oder chancenreichen Konflikten konstruktiv umgehen können. Die Informationen werden durch Checklisten, praktische Tipps und Beispiele ergänzt.

> *Für das Konfliktmanagement gilt die generelle Regel: Unnötigen Konflikten vorbeugen und konstruktive Konflikte pflegen.*

In diesem Buch erhalten Sie Hinweise zu folgenden Themenbereichen:
- Im ersten Kapitel werden Konflikte als Spannungsfelder definiert und verschiedene Konfliktarten unterschieden.
- Im zweiten Kapitel erhalten Sie Hinweise für das Erkennen von Konfliktsymptomen – eine Spezialkategorie nehmen die so genannten „Killerphrasen" ein.
- Ein Verständnis über Konfliktentstehung und -verlauf bietet Kapitel 3. Neben der Unterscheidung von heißen und kalten Konflikten wird eine Methode zur Erfassung der Konfliktgeschichte angeboten. Spezielle Aufmerksamkeit wird auf Eskalationsdynamiken und -phasen gelegt.
- Eine positive Positionierung und die Überwindung von inneren Blockaden erleichtert es, Konflikte als Chance zu sehen und mit Widerstand in Veränderungen positiv umzugehen (Kapitel 4).
- Methoden der Konfliktprävention auf persönlicher, Gruppen-, Struktur- und Kulturebene bietet Kapitel 5.
- Die weiteren Kapitel geben Ihnen verschiedene Ansatzmöglichkeiten für die Konfliktbewältigung: Auf der strategischen Ebene

Introduction

Conflicts in one's professional day-to-day are commonplace, particularly against the backdrop of increasing globalisation and interconnectivity. But coping with them is often not so simple, especially with conflicts stemming from tensions in an intercultural context. Measures such as personnel cutbacks, outplacement, centralisation and decentralisation as well as corporate acquisitions and sell-offs force people in those companies into a broad range of personal, functional, organisational and professional tension fields. The growing complexity of companies in general highlights the increasing necessity for the constructive handling of differences of opinion, interpersonal differences or conflicts of interest.

This book provides you with an insight into the emergence and dynamics of conflicts as they occur in day-to-day professional life. In addition, you will also learn how to avoid destructive conflicts and how to constructively deal with unavoidable conflicts and/or conflicts which actually present an opportunity. This information is augmented by checklists, practical tips and examples.

> *Conflict management is governed by a general rule: Avoid unnecessary conflicts and carefully supervise constructive conflicts.*

In this book, you will receive information on the following topics:
- The first chapter defines conflicts as tension fields and differentiates between various types of conflicts.
- The second chapter provides tips for recognising conflict symptoms – one special category consists of so-called "killer phrases".
- Chapter 3 offers an understanding about how conflicts arise and progress. Along with the differentiation between hot and cold conflicts, a method is provided for recording the history of a conflict. Special attention is given to escalation dynamics and phases.
- Positive positioning and surmounting inner blockages makes it easier to view conflicts as opportunities and to handle resistance to changes positively (Chapter 4).
- Chapter 5 offers methods for conflict prevention at the personal, group, structural and cultural levels.
- The subsequent chapters illustrate different possible approaches for coping with conflicts: At the strategic level, you will find procedures for their implementation according to the degree of

finden Sie Verfahren je nach Eskalationsgrad zwischen den Beteiligten oder unter Hinziehung eines neutralen Dritten (Kapitel 6). Voraussetzung für die Lösung sozialer Konflikte ist eine Klärung von persönlichen Konflikten (Kapitel 7). Herzstück der Konfliktlösung ist das Gespräch – hier bieten kommunikative Lösungsmethoden in Kapitel 8 Sicherheit. In Kapitel 9 erhalten Sie einen Einblick in die Lösung von Teamkonflikten durch Teamentwicklungsmethoden.

- Um kulturelle und interkulturelle Konflikte zu lösen, werden Sie in Kapitel 10 über Schritte der Entwicklung interkultureller Kompetenz informiert.
- Den Abschluss bildet Kapitel 11 zum Spezialthema Mobbing, das als eskalierter Konflikt besonderer Vorgehensweisen bedarf.

1 Definition von sozialen Konflikten

Konflikte sind im zwischenmenschlichen Miteinander unvermeidlich und normal. Was genau man unter einem Konflikt versteht, ist oft von Mensch zu Mensch, von Gruppe zu Gruppe oder von Kulturkreis zu Kulturkreis verschieden. Hier sei eine übergreifende Definition von Konflikten angeboten, die für den Unternehmenskontext gilt und aus der sich verschiedene Konfliktarten ableiten.

1.1 Konflikte sind Spannungsfelder

Das Wort Konflikt kommt vom lateinischen „configere", was wörtlich übersetzt „zusammenbeugen" oder „anspannen" heißt. In diesem Sinne sind Konflikte Spannungen. Spannungen entstehen, wann immer Unterschiedliches oder Widersprüchliches zusammengefügt werden soll, wenn die Verschiedenheiten nicht vereinbar sind oder Gegensätze aufeinander prallen.

Mit dem Wort „Spannung" sind auch Gefühle verbunden – oft eher unangenehme Gefühle. Deshalb werden Situationen landläufig nicht als Konflikt bezeichnet, die rational lösbar und nicht von unangenehmen Gefühlen begleitet sind – kurz, in denen die Spannung fehlt, z.B. wenn eine Maschine umgerüstet werden soll und die Mitarbeiter die verschiedenen Möglichkeiten sachbezogen diskutieren. Hier würde man von Meinungsunterschieden sprechen bzw. von einem Problem, das es zu lösen gilt. Auch Missverständnisse, die sich auflösen lassen, sind noch keine Konflikte.

Zum Konflikt werden unterschiedliche Ansichten häufig erst dann, wenn mit den verschiedenen Möglichkeiten persönliche Bedeutungen verbunden sind, z.B. auch aufgrund kultureller Unter-

escalation between the participants or with the enlistment of a neutral third party (Chapter 6). To resolve social conflicts, the clarification of personal conflicts is necessary (Chapter 7). The heart of conflict resolution is discussion – Chapter 8 provides certitude on this point in the form of communicative solution methods. Chapter 9 reveals an insight into the solution of team conflicts using team development methods.
- Chapter 10 supplies information regarding the development of intercultural skills for resolving cultural and intercultural conflicts.
- Chapter 11 concludes with a focus on the special topic of mobbing, which requires special procedures if it has grown into an escalated conflict.

1 Definition of Social Conflicts

Conflicts are unavoidable and normal in interpersonal relations. What is regarded as a conflict often differs from person to person, group to group or cultural background to cultural background. A comprehensive definition of conflicts is provided here which applies to the corporate context and from which different types of conflict branch off.

1.1 Conflicts are Tension Fields

The word "conflict" comes from the Latin "confligere", the literal translation of which is "to bend together" or "to tense". Defined as such, conflicts are therefore tensions. Tensions arise whenever contrasts or contradictions are brought together, when differences are irreconcilable or when opposites collide.

Emotions, generally of a more unpleasant nature, are also bound up with the word "tension". So situations which can be resolved rationally and are not accompanied by unpleasant feelings, i.e. where there is a lack of tension, are not commonly regarded as conflicts. An example of this would be a situation in which a machine requires conversion and employees discuss the different possibilities on a technical basis. One would speak here of differences of opinion or of a problem that needs solving. Misunderstandings that can be resolved are also not regarded as conflicts.

Differing views often only become conflicts when personal interests are linked with the different possibilities, attributable also to cultural differences and characteristics, for instance. In this context, the probability of a conflict is greater in relation to how

Definition von sozialen Konflikten

schiede und Prägungen. Dabei ist die Wahrscheinlichkeit eines Konflikts umso höher, je impliziter persönlich oder kulturell bedingte Grundannahmen eine Rolle spielen.

> *Nicht die Unterschiede an und für sich sind das Problem, sondern die Art und Weise, wie Menschen diese Unterschiede erleben und damit umgehen.*

Konflikte können an jeder Stelle im Unternehmen auftreten. Sie sind Unstimmigkeiten über Ziele, Wege der Zielerreichung, die Verteilung von Ressourcen, die Zusammenarbeit oder Rollen. Neben sozialen Konflikten, bei denen mindestens zwei Personen beteiligt sind, gibt es auch innere, persönliche Konflikte. Oft ist ein innerer Konflikt Ursache von sozialen Konflikten, sei es durch eigene innere Zerrissenheiten, Einstellungen, das eigene Entscheidungsverhalten oder die Art und Weise des Zugehens auf andere.

Unabdingbare Bestandteile eines Konflikts

1. Es sind mindestens zwei verschiedene Konfliktparteien beteiligt. Diese Konstellation kann sich innerhalb einer Person abspielen oder zwischen zwei oder mehr Personen.

2. Es besteht eine Abhängigkeit der Konfliktparteien voneinander in Form eines gemeinsamen Themas, Ziels, Anliegens oder Kontextes. Zum Beispiel arbeiten Menschen in der gleichen Abteilung und sind dort aufeinander angewiesen. Durch Kündigung wäre der Konflikt verschwunden.

3. Es sind Gefühle im Spiel. Die beteiligten Menschen fühlen sich unwohl. Das kann von einer leichten Anspannung über Ärger, Angst oder ähnlich starke Gefühle bis hin zu körperlichen Symptomen und Krankheit gehen.

4. Es besteht ein Spannungsfeld. Dieses Spannungsfeld kann in verschiedenen Bereichen liegen. So kann es sein, dass ...
   - die Beteiligten unterschiedliche Ziele oder Handlungsabsichten haben. Zum Beispiel will die eine Abteilung eine Marktausweitung und die andere eine Konzentration auf Kernkompetenzen.
   - die Beteiligten die Situation unterschiedlich einschätzen oder wahrnehmen. Zum Beispiel verstehen Mitglieder eines Teams oft nicht das gleiche unter Teamarbeit: Schwächen mittragen oder gemeinsam mehr leisten, alles gemeinsam machen oder eine gute Aufgabenteilung vornehmen.
   - knappe oder vermeintlich knappe Ressourcen vorhanden sind.

Definition of social conflicts

implicitly personal or culturally-based fundamental assumptions play a role.

> *It is not differences in and of themselves that are the problem, but instead the manner in which people experience and deal with these differences.*

Conflicts can emerge anywhere within a company in the form of disagreements regarding objectives, means of reaching objectives, the distribution of resources or how people work together or their roles, for example. Along with social conflicts in which at least two persons are involved, there are also internal personal conflicts. Often, an internal conflict is the cause of social conflicts, be it as a result of one's own internal indecision, attitudes, decision-making conduct or the manner in which one approaches other people.

Inherent Components of a Conflict

1. At least two conflict parties are involved. This constellation can occur within one person or between two or more persons.

2. A dependency exists between the conflict parties in the form of a mutual topic, objective, concern or context. For example, people work in the same department and are dependent upon one another there. Termination would eliminate the conflict.

3. Emotions are involved. The participants feel uncomfortable. This uncomfortable feeling can range from mild apprehension to irritation, fear or similarly strong emotions and extend on up to physical symptoms and illness.

4. A tension field exists. This tension field can be in different areas. As such, it could be the case that ...
   - the participants have different objectives or intentions regarding actions to be taken. For example, one department wants to focus on market expansion while another one wants to concentrate on core competencies.
   - the participants perceive or evaluate the situation differently. For example, members of a team frequently have differing interpretations of 'teamwork': Sharing the load with weaknesses or doing more together, perhaps doing everything together or allocating duties wisely.

- die Funktionen oder Rollen der Menschen in diesem Geschehen entweder unklar, zu vielfältig oder zu begrenzt sind.
- die Beziehung gestört ist und die beteiligten Menschen sich „nicht riechen" können. Ein Extrembeispiel ist hier ein Mitarbeiter, der sich vier Wochen nicht duschte, körperlich arbeitete und auf dezente Hinweise der Kollegen nicht reagierte. Oft liegt auch eine Verschiebung vor und ein nicht gelöster Sachkonflikt wird als Beziehungskonflikt ausgetragen oder umgekehrt wird ein Beziehungskonflikt unterdrückt und Menschen streiten sich (scheinbar) nur um die Sache.
- persönliche Konflikte vorliegen. Menschen verspüren in sich Konflikte, sei es durch anstehende Entscheidungen, unterdrückte bzw. verdrängte Wünsche oder widersprüchliche Anforderungen. Außerdem wird durch die eigene Art, sich in der Welt zu befinden, durch Einstellungen oder Verhaltenstendenzen das soziale Konfliktgeschehen beeinflusst.

5. Das Konfliktgeschehen findet auf einer strukturellen und kulturellen Grundlage statt. Die strukturelle Basis für das Handeln reicht von der Ausstattung bis zum Lohnsystem einer Firma. Gesellschaftliche, nationale, firmenspezifische oder individuelle kulturelle Prägungen beeinflussen das Konfliktgeschehen.

Für die Definition von Konflikten im Unternehmen heißt das auf den Punkt gebracht:

> *Konflikte sind Spannungssituationen, in der voneinander abhängige Menschen versuchen, unvereinbare Ziele zu erreichen oder unterschiedliche Handlungspläne zu verwirklichen.*

1.2 Verschiedene Konfliktarten unterscheiden

Der obigen Definition von Konflikten im Unternehmenskontext liegt zugrunde, was in einem Unternehmen passiert. Daraus lassen sich sechs verschiedene Konfliktarten ableiten: Es geht darum, Ziele zu erreichen (Zielkonflikte), dafür unterschiedliche Wege zu wählen (Bewertungskonflikte) und Ressourcen zu nutzen (Verteilungskonflikte), und all das zusammen mit Menschen, die nicht immer mit sich selbst im Reinen sind (persönliche Konflikte), die miteinander in Kontakt treten und Beziehungen aufbauen (Beziehungskonflikte) und dabei unterschiedliche Rollen, Funktionen

> - resources are scarce or are at least thought to be scarce.
> - the functions or roles of the people involved are either poorly defined, too diverse or too restricted.
> - the relationship is disrupted and the participants "can't stand each other". One extreme example of this would be an employee who hasn't showered for four weeks, has conducted physical work and has failed to react to subtle hints from co-workers. Often the matter has been put off and an unresolved topic-related conflict is subsequently fought out as a relationship conflict, or conversely a relationship conflict is suppressed and people argue (seemingly) only about the topic in question.
> - personal conflicts are present. People sense conflicts within themselves, be they based on looming decisions, suppressed or repressed desires or contradicting demands. Additionally, one's own means of dealing with the world and one's own attitudes or behavioural tendencies also influence how a social conflict is dealt with.
>
> 5. The conduct of a conflict has a structural and cultural basis. The structural basis for the conduct stretches from a company's equipment to its wage system. Societal, national, company-related or individual cultural characteristics influence the conduct of a conflict.

In short, the definition of conflicts within a company means:

> *Conflicts are tension situations in which people who are dependent upon one another attempt to reach incompatible objectives or to implement differing action plans.*

1.2 Distinguishing Different Conflict Types

The above definition of conflicts in a corporate context underlies what happens within a company. Six different conflict types can be derived from this: The issue is attaining objectives (objectives conflicts), choosing different means of accomplishing this (evaluation conflicts) and utilising resources (resource conflicts), and doing all of this together with people who are often conflicted within themselves (personal conflicts) who come into contact with one another and build up relationships (relationship conflicts), taking on different roles, functions and responsibilities in the process (role

und Zuständigkeiten innehaben (Rollenkonflikte). Das Geschehen spielt sich vor dem Hintergrund der persönlichen und der Firmenkultur ab (kulturelle oder interkulturelle Konflikte).

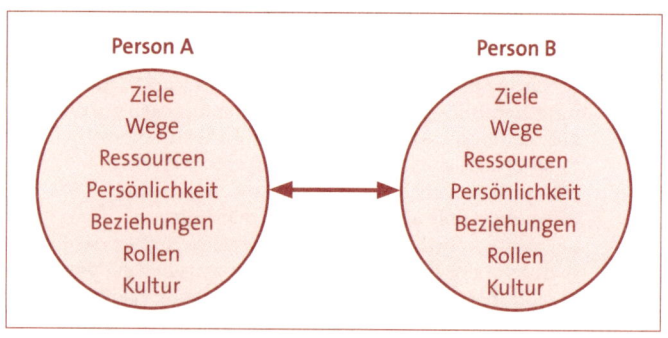

```
┌─────────────────────────────────────────────────────┐
│      Person A                    Person B           │
│   ⭕ Ziele                    ⭕ Ziele              │
│      Wege                        Wege               │
│      Ressourcen    ⟷            Ressourcen         │
│      Persönlichkeit              Persönlichkeit     │
│      Beziehungen                 Beziehungen        │
│      Rollen                      Rollen             │
│      Kultur                      Kultur             │
└─────────────────────────────────────────────────────┘
```

Abb. 1: Konfliktarten

Wenn man beispielsweise zwei Parteien, Partei A und Partei B, betrachtet (siehe Abb. 1), so verfolgen beide Ziele, nehmen verschiedene Wege oder Methoden wahr, nutzen Ressourcen, sind in unterschiedlichem Ausmaß in Beziehung, nehmen Rollen ein und haben bestimmte Persönlichkeiten. Teilweise handeln Partei A und B unabhängig voneinander, teilweise betreffen die Handlungen der einen Partei jedoch auch die andere Partei. Wenn die beiden Parteien aufeinander treffen, kann es zu Übereinstimmung oder zu Unterschiedlichkeiten und somit zu Spannungsfeldern und Konflikten kommen.

Zielkonflikte
Hier geraten verschiedene (Sub-)ziele miteinander in Konflikt, z.B. will die Produktionsabteilung eine hohe Auslastung der Maschinen, was durch die Entwicklungsabteilung gestört wird, die neue Produkte auf den Maschinen ausprobieren will. Außerdem sind nicht für alle Menschen und Interessengruppen im Unternehmen alle Ziele gleich wichtig und neben Unternehmensinteressen sind außerdem persönliche Interessen vorhanden.

Bewertungskonflikte
Ein Bewertungs- oder Wahrnehmungskonflikt liegt dann vor, wenn die Konfliktparteien zwar die gleichen Ziele verfolgen, jedoch versuchen, sie auf unterschiedlichen Wegen bzw. mit unterschiedlichen Methoden zu erreichen, weil sie die Effektivität und Auswirkung der Vorgehensweisen unterschiedlich einschätzen. Bewertungskonflikte sind in der Regel darauf zurückzuführen, dass die Beteiligten unterschiedlich informiert sind.

conflicts). The events take place against the backdrop of the personal and corporate culture (cultural or intercultural conflicts).

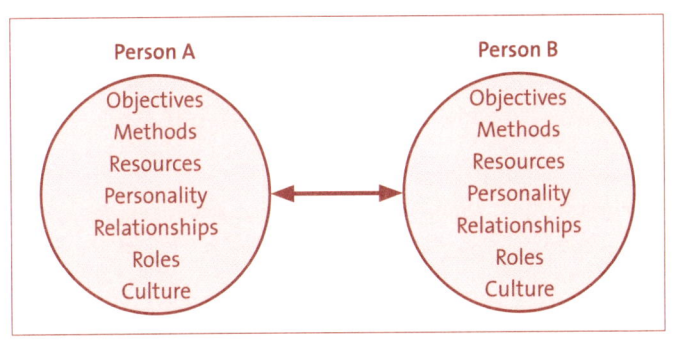

Ill. 1: Conflict types

If we observe the example of two parties, Party A and Party B, (see Ill. 1), we see that both pursue objectives, use different means or methods, use resources, are in a relationship to varying degrees, take on roles and have specific personalities. Party A and B sometimes act independently of one another, while at other times the actions of one also affect the other. When the two meet each other, there can be agreement or there can be differences subsequently leading to tension fields and conflicts.

Objectives conflicts

In this case, different (subordinate) objectives come into conflict; e.g., the Production Department wants to implement a heavy-workload on the machinery, which is disrupted by the Development Department which wants to try out new products on the machinery. Additionally, not all of the objectives have the same priority for all of the people and interest groups in the company, and aside from company interests, there are also personal interests present.

Evaluation conflicts

An evaluation or perception conflict is presented when the conflicting parties are pursuing the same goals, but are nevertheless trying to achieve them by different means or with different methods because they have differing views on the effectiveness and the effects of the different approaches. Evaluation conflicts can generally be attributed to the participants having received differing information.

Definition von sozialen Konflikten

Verteilungskonflikte

Hier können sich die Parteien nicht über die Verteilung von persönlichen, finanziellen oder technischen Ressourcen einigen. Verteilungskonflikte spielen in Kämpfen, Streitigkeiten und Kriegen seit Menschengedenken eine wichtige Rolle. In Firmen, beispielsweise bei Fusionen, geht es um Positionen und Funktionen, es wird um Mitarbeiter, Standorte und Symbole der Macht gekämpft.

Persönliche Konflikte

Von persönlichen Konflikten sprechen wir, wenn Menschen in sich verschiedene Entscheidungs- oder Verhaltenstendenzen verspüren oder wenn sie durch ihr persönliches problematisches Verhalten zum Konfliktauslöser werden. Jedem sozialen Konflikt liegen auch persönliche Konflikte zugrunde, jedoch nicht ausschließlich, da systemische Ursachen oft überwiegen.

Beziehungskonflikte

In der Zusammenarbeit kommen Menschen gut miteinander aus oder nicht, sie können sich „riechen" oder nicht, sie stimmen in ihren Ansichten, Überzeugungen, Richtungen, Vorlieben überein oder nicht. Beziehungskonflikte werden oft auch als Bedürfnis- oder Kommunikationskonflikte bezeichnet und liegen vor, wenn in der Beziehung unterschwellige oder offene Störungen vorliegen. Sie haben vielfältige Ursachen und Erscheinungsformen.

Ursachen von Beziehungskonflikten

- Verletzung des Grundbedürfnisses nach Akzeptanz und Wertschätzung
- Kommunikationskonflikte, z.B. Killerphrasen (vgl. Kap. 2.2)
- Symptomverschiebungen: Verlagerung des Konflikts von der Sach- auf die Beziehungsebene
- Unklare Verantwortungsbereiche
- Zu geringe oder zu hohe Kommunikationsdichte
- Gegensätzliche Persönlichkeiten
- Übertragung von Mustern früherer Beziehungen auf die jetzige

Rollenkonflikte

Ein Rollenkonflikt liegt vor, wenn Menschen entweder widersprüchlichen Rollenerwartungen oder widersprüchlichen Rollen ausgesetzt sind. Rollen werden dabei verstanden als die Summe der Erwartungen (also eigene und fremde) an eine bestimmte soziale Funktion, in Bezug auf Denken, Fühlen, Verhalten und eine entsprechende Beziehungsgestaltung (vgl. Schmid 1994).

Definition of social conflicts

Resource conflicts

This is when the parties cannot agree on the distribution of personal, financial or technical resources. Resource conflicts have played an important role in battles, disputes and wars since time immemorial. In companies, for example, in the case of mergers, positions and functions are important issues and disputes are conducted regarding employees, locations and symbols of power.

Personal conflicts

We talk about personal conflicts when people find themselves in the position of feeling 'torn' regarding their decisions or conduct, or when they themselves become the cause of a conflict as a result of their own problematic conduct. While every social conflict has its basis in personal conflicts, they may not be the sole reason since systemic causes often represent the larger problem.

Relationship conflicts

When working together, people get along or not. Sometimes folks "can't stand" each other, and people either agree on their views, convictions, methods and preferences, or they don't. Relationship conflicts are also frequently referred to as "need conflicts" or "communication conflicts", and they emerge when there are either subliminal or open disruptions in the relationship. They have a diverse range of causes and manifestations.

Causes of Relationship Conflicts

- Violation of the basic need for acceptance and appreciation
- Communication conflicts, for example killer phrases (cf. Chapter 2.2)
- Symptom postponements: Displacement of the conflict from the topical level to the relationship level
- Unclarified areas of responsibility
- Inadequate or excessive communication density
- Conflicting personalities
- Transfer of patterns from previous relationships to the current one

Role conflicts

A role conflict exists when people are confronted either with contradicting role expectations or contradictory roles. Roles are then perceived as the sum of expectations (i.e. one's own and those of others) on a specific social function in relation to thinking, feeling, behaviour and a corresponding relationship arrangement (cf. Schmid 1994).

(Inter-)kulturelle Konflikte

Die Kultur als „Software des Geistes" (Hofstede & Hofstede 2005) ist als mentales Programm zu verstehen, das unbewusst Denken, Fühlen und Verhalten beeinflusst. Wenn Firmen fusionieren, stoßen oft verschiedene Kulturen aufeinander, was zu Konflikten führen kann. Die nationale Kultur bindet den Einzelnen stärker als die Firmenkulturen, da sie früher im Leben als Selbstverständlichkeit verinnerlicht wurde.

Kulturelle Unterschiede können Missverständnisse hervorrufen. So kann es z.B. sein, dass die Zurückhaltung eines Vietnamesen vom zur Beteiligung erzogenen Europäer oder Amerikaner mit Desinteresse verwechselt wird. Dabei liegen die Wurzeln dieser gewissen Schüchternheit in einer rigiden schulischen Erziehung zu Anpassung und Gehorsam.

Auch die Art und Weise, wie Menschen mit Konflikten umgehen, insbesondere wie sie Gefühle ausdrücken und Aggressionen kontrollieren, ist kulturell geprägt und macht es unter Umständen schwierig, Konflikte zu lösen.

Zusammenfassend lässt sich sagen, dass diese verschiedenen Konfliktarten auf Konfliktursachen hinweisen, die auf drei Ebenen liegen können.
- Inhaltliche oder Sachebene (Ziel- und Ressourcenkonflikte): Auf dieser rationalen Ebene sind Konflikte in der Regel leichter zu lösen oder zu befrieden, wenn die menschliche Ebene stimmt.
- Zwischenmenschliche oder Beziehungsebene (Bewertungs-, Beziehungs-, Rollen- und kulturelle/interkulturelle Konflikte).
- Persönliche Ebene (persönliche Konflikte).

Oft ist es schwierig, die zentrale ursächliche Ebene eines Konflikts zu finden. Es besteht die Gefahr, die Lösung durch die Art der Konfliktdefinition zu erschweren. Ein Teil des Konflikts besteht dann darin, dass Konfliktursachen der falschen Ebene zugeschrieben werden. Beispielsweise wird für den Sachkonflikt ein Schuldiger gesucht und es entsteht ein Beziehungskonflikt, oder eine persönliche Entscheidungsunklarheit wird als äußerer Zielkonflikt ausgetragen. Hinzu kommt, dass Organisationen als lebendige komplexe Systeme nicht kausal-deterministisch erklärt werden können und Ursachenzuschreibungen meist eher konfliktverschärfend wirken.

Cultural and intercultural conflicts

Culture as the "software of the mind" (Hofstede & Hofstede 2005) should be perceived as a mental programme influencing unconscious thought, emotion and conduct. When companies merge, often different cultures come face to face, and this can lead to conflicts. Individuals are bound more strongly by their national culture than by corporate cultures, since the national culture has been internalised and accepted as the norm earlier on.

Cultural differences can cause misunderstandings. For example, the reserve displayed by a Vietnamese person might be mistaken for a lack of interest by the European or American raised in a climate of participation, when in fact the roots of this apparent timidity lie in a rigid scholastic upbringing emphasising conformity and obedience.

The ways in which people handle conflicts, particularly in regard to how they express their feelings and control their aggressions, are also framed in a cultural context, making it difficult in some circumstances to resolve conflicts.

To summarise, it can be said that these different types of conflicts indicate conflict causes that can lie at three levels.

- The content or topical level (objective and resource conflicts): At this rational level, conflicts are generally easier to resolve or pacify if the personal level is in good shape.
- Interpersonal or relationship level (evaluation, relationship, role and cultural/intercultural conflicts).
- Personal level (personal conflicts).

Often it is difficult to find the central causal level of a conflict. The danger exists of making the solution more difficult as a result of the definition of the type of conflict. One part of the conflict therefore consists of attributing the causes of the conflict to the wrong level; for example, when a guilty party is sought for a topic-related conflict resulting then in a relationship conflict, or if personal indecisiveness is battled out as an external objectives conflict. What's more, organisations, as living, complex systems, cannot be explained in causal-deterministic terms and the attribution of causes is generally more likely to have an intensifying effect on conflicts.

2 Konflikte erkennen

Konflikte kann man an ganz verschiedenen Symptomen erkennen. Im Folgenden werden verschiedene Anzeichen oder Symptomebenen unterschieden, der Symptomkomplex „Killerphrasen" wird hervorgehoben und die Rolle von Gefühlen und Intuition betrachtet.

2.1 Anzeichen für sich anbahnende Konflikte

Anzeichen dafür, dass sich ein Konflikt entwickelt, finden sich auf verschiedenen Ebenen. Sie sind mehr oder weniger offen oder subtil und verdeckt und lassen sich oft auch erst im Nachhinein als Anzeichen eines sich anbahnenden Konflikts deuten. Folgende Konfliktebenen lassen sich unterscheiden:

Verbal – nonverbal
Viele Menschen glauben, dass nur verbale Anzeichen wie offener Widerspruch, Drohungen, Beschimpfungen etc. Kennzeichen eines Konflikts sind. Doch oft sind es die kleinen nonverbalen Gesten – ein Schweigen, ein Blick, eine abschätzige Handbewegung – die einen Konflikt deutlich machen.

> *Gerade auf der nicht-sprachlichen Ebene liegt oft mehr Schärfe als in den Worten an sich.*

Ein Sprichwort lautet: „Der Ton macht die Musik." Durch den Ton und die Begleitung der Sprache, nämlich durch Gestik, Mimik, Körperhaltung und Verhaltensweisen werden oft mehr Informationen transportiert als durch den wörtlichen Inhalt an und für sich. Insbesondere kulturunübliche Signale können Konflikte verursachen, z.B. ein Stirnrunzeln in einer kulturellen Umgebung, in der Lächeln gewissermaßen Pflicht ist.

Offen – verdeckt
Oft bahnt sich ein Konflikt eher durch ungute Gefühle, eine gewisse Unruhe oder Unzufriedenheit an, mit dem Gefühl, dass „da was nicht stimmt": Da hält jemand pedantisch die Vorschriften ein, lässt Sie in einem Meeting „auflaufen" oder kommt zu spät.

Offener Widerstand oder Widerspruch ist für Menschen aus dem westlichen Kulturbereich einfacher zu erkennen. Da sagt jemand seine Meinung, ist „dagegen", will etwas anderes oder spricht sogar auch das Vorhandensein eines Konflikts an. In manchen asiatischen Ländern sind solche klaren Symptome hingegen

2 Recognising Conflicts

One can recognise conflicts on the basis of many different symptoms. In the following section, different signs or symptom levels are distinguished. We focus on the symptom complex of "killer phrases", and the role of feelings and intuition is examined.

2.1 Signs of Emerging Conflicts

Signs of a developing conflict can be found at different levels. They are more or less open or subtle and concealed and can often only be interpreted as signs of an emerging conflict in retrospect. The following conflict levels can be distinguished:

Verbal – nonverbal

Many people believe that only verbal signs such as open contradiction, threats, insults, etc. are characteristics of a conflict. But often, it is the small, nonverbal gestures – silence, a look, a dismissive hand movement – that reveal a conflict.

> *There is often more acrimony at the nonverbal level than in the words themselves.*

There's a saying that goes, "It's not what you say; it's how you say it". Often, more information is transported by that which accompanies the language, i.e. tone, gesticulation, facial expressions, attitude and behaviour, than the actual verbal content itself. Signals foreign to a specific culture can be a particular cause of conflicts, for example furrowing one's brow in a cultural environment where smiling is virtually obligatory.

Open – concealed

Oftentimes the seeds of a conflict are sown more through feelings of unease, a certain disconcertedness or dissatisfaction accompanied by a sense that "something's not quite right": i.e. someone is pedantic about regulations or "hangs you out to dry" in a meeting or perhaps shows up suspiciously late.

Open resistance or contradiction is easier for people from western cultural backgrounds to recognise. One states their opinion, is "against" something, wants something else or even addresses the presence of a conflict. Conversely, in some Asian countries, such

eher unwahrscheinlich; hier spielen sich Konflikte tendenziell verdeckt ab.

Aktiv – passiv
Aktive Anzeichen für einen Konflikt sind zum Beispiel ein Streik, ein offener Streit, ein Angriff oder ein offener Vorwurf. Viele Menschen jedoch verhalten sich in Konflikten lieber passiv: Sie schweigen, beschwichtigen, werden müde oder krank oder ziehen sich zurück. Viele Mitarbeiter sprechen sich oft selbst das Recht nicht zu, Unliebsames direkt anzusprechen.

Bewusst – unbewusst
Einen Unterschied macht es, welcher der beteiligten Parteien der Konflikt bewusst ist.

> *Ob Sie einen Konflikt bewusst wahrnehmen, hängt auch davon ab, ob Sie sich die Zeit dafür nehmen, indirekte, nonverbale oder passive Signale zu registrieren.*

Ein weiterer Faktor ist der Grad an Erfahrung mit Konfliktprozessen. Wer beispielsweise häufig Veränderungsprozesse mitgemacht hat, weiß, dass Konflikte dann unvermeidbar sind. Von außen ist oft schlecht zu erkennen, ob jemand z.B. bewusst provoziert oder unabsichtlich, insbesondere wenn Sie die Signale des anderen nicht richtig interpretieren können, da Sie selbst aus einem anderen Kulturkreis stammen. Eine bewusste Provokation zu unterstellen, wenn diese gar nicht so gemeint war, verursacht erst den Konflikt. Insofern ist eine Zuschreibung von außen oft nicht hilfreich und auch erst im Nachhinein zu erkennen.

Ausgehend von diesen vier Dimensionen gibt die folgende Tabelle einen Überblick über die gängigsten Konfliktsymptome, wobei die Kategorien „Offen – verdeckt" und „Aktiv – passiv" zusammengefasst werden. Die andere Achse bildet die Schiene „Verbal – nonverbal". Da von außen der Grad der Bewusstheit der Beteiligten nur schwer erkennbar ist, also fast alle diese Symptome bewusst ausgeführt werden oder versehentlich passieren können, wird die Dimension „Bewusst – unbewusst" in der Tabelle nicht berücksichtigt.

Sie können die Übersicht für die Analyse eines sich anbahnenden Konflikts nutzen oder auch im Nachhinein, um das Zustandekommen eines Konfliktes zu verstehen.

clear symptoms are more unlikely; the tendency there is for conflicts to be played out in a more concealed manner.

Active – passive
Examples of active signs of a conflict are a strike, an open dispute, an attack or an open accusation. But many people prefer to behave passively in conflicts: They remain silent, placate, become tired or ill or withdraw themselves from the proceedings. Many employees are reluctant to claim the right to directly address something that is disagreeable.

Conscious – unconscious
It makes a difference which of the participating parties is consciously aware of the conflict.

> *Whether you consciously perceive a conflict depends on whether you take the time to register indirect, nonverbal or passive signals.*

An additional factor is the degree of experience with conflict processes. For instance, someone who has frequently experienced change processes knows that conflicts are unavoidable. From the outside it is often difficult, for example, to recognise whether someone is being consciously or unconsciously provocative, particularly if you are unable to correctly interpret the signals sent out by the other person because you come from a different cultural background. Accusing someone of a conscious provocation when this is in fact not the case, is a sure-fire way to initiate a conflict in the first place. As such, an external attribution is frequently not helpful and is also initially recognisable in retrospect.

Taking these four dimensions as its basis, the following chart provides an overview of the most common conflict symptoms, whereby the categories "open – concealed" and "active – passive" are summarised. The other axis is formed by the column "verbal – nonverbal". Since the degree of awareness of the participants is difficult to recognise from the outside, meaning that almost all of these symptoms could be consciously exercised or could occur accidentally, the dimension "conscious – unconscious" is not taken into account in the chart.

You can use the overview for the analysis of an emerging conflict or also retroactively in order to understand how a conflict came into being.

Konflikte erkennen

Konfliktsymptome

	Offen und aktiv	Verdeckt und passiv
Verbal	Verbaler Angriff • Andere Meinung äußern • Offen kämpfen • Kritik, Beleidigungen, Beschimpfungen, Vorwürfe • Killerphrasen (vgl. Kap. 2.2) • „Herunterputzen" einer Person • Streiten • (Genereller) Widerspruch • *„Ich will aber"* • Gegenargumentation • Differenzen lautstark aufbauschen	Ablenken • Sarkasmus, Ironie, Galgenhumor • Vom Thema ablenken • Zeitdruck vorschieben • Von „man" und „wir" sprechen, statt Stellung zu beziehen • Subtile Anspielungen • Leugnen, bagatellisieren • *„Ja, aber ..."* (defensiv) • Genereller Zuspruch • Blödeln, ins Lächerliche ziehen • „Verpfeifen" und denunzieren • Distanzierte Höflichkeit
Nonverbal	Aufregung, Unruhe • Demonstrativ ignorieren, nicht beachten • Beziehungsabbruch • Ausschluss von Personen • Abschätzige, abwertende Gestik und Mimik • Abweisende Haltung • Drohgebärden, tätlicher Angriff • Inkongruenz im Verhalten oder zwischen Reden und Tun • Immer das Gegenteil tun • Gewalt oder Sabotage • Starres Festhalten an Gewohnheiten und Standpunkten • Streik	Rückzug, Lustlosigkeit • Unwohlsein • Humorlosigkeit • Schweigen, Desinteresse • Sturer Formalismus • Humorlosigkeit • Keine Verbesserungsvorschläge • Zu spät kommen • Nur noch schriftliche Kommunikation • Überformale Regelungen • (Innere) Kündigung • Hohe Fehlzeiten, Krankheit • Hohe Reklamationsquoten • Überstunden/Aktionismus • Vorweggenommener Gehorsam • Depression, Niedergeschlagenheit

Die Übergänge zwischen kleinen Unstimmigkeiten und Konflikten sind fließend. Was in der einen Situation oder Kultur oder vor einem bestimmten Erfahrungshintergrund als Konfliktsignal verstanden wird, kann in einem anderen Kontext völlig harmlose Kommunikation sein. Es braucht immer einen Zusammenhang, um etwas als Konflikt interpretieren zu können.

Recognising conflicts

Conflict Symptoms

	Open and active	**Concealed and passive**
Verbal	Verbal attack - Expressing a different opinion - Openly fighting - Criticism, insults, scolding, accusations - Killer phrases (cf. Chapter 2.2) - "Putting down" a person - Arguing - (General) contradiction - *"I insist"* - Counter-argumentation - Loudly exaggerating differences	Distraction - Sarcasm, irony, black humour - Diverting from the topic - Feigning time pressure - Speaking in terms of "one" and "we" instead of taking a stand - Subtle innuendo - Denying, trivialising - *"Yes, but ..."* (defensive) - General encouragement - Messing about, making fun of the matter - "Snitching" and denouncing - Distanced courteousness
Nonverbal	Agitation, unease - Demonstratively ignoring, not paying attention - Breaking off a relationship - Exclusion of persons - Dismissive, deprecating gesticulation and facial expressions - Cold manner - Threatening gestures, violent attack - Incongruence in behaviour or between what is said and what is actually done - Always doing the opposite - Violence or sabotage - Rigid clinging to customs and positions - Strike	Retreat, lack of enthusiasm - Unease - Lack of humour - Silence, disinterest - Stubborn formalism - Lack of humour - No suggestions for improvement - Late attendance - Only written communication - Overly formal regulations - Quitting (internally) - Frequent absence, illness - High level of complaints - Overtime/activism - Anticipatory obedience - Depression, low spirits

The transitions between small disagreements and conflicts are fluid. Something that might be understood in a particular situation or culture or against a specific background as a conflict signal can represent completely harmless communication in another context. There must always be a correlation in order to be able to interpret something as a conflict.

2.2 Killerphrasen

Ein Konfliktsymtom sei hier herausgegriffen, weil es oft sowohl Ursache als auch Symptom von Konflikten ist: die so genannten Killerphrasen. Dabei handelt es sich um – oft leider weit verbreitete – Aussagen, die dem Adressaten signalisieren: So geht es nicht, ich rede nicht mit dir, ich bin nicht gesprächs- oder verhandlungsbereit.

> *Killerphrasen sind unbegründet und pauschal ablehnende, generalisierende und abwertende Aussagen.*

Hier einige Beispiele:
- *„Das geht nicht!"*
- *„Das haben wir schon probiert!"*
- *„Wie lange sind Sie jetzt bei uns?"*
- *„Das versuchen Sie mal bei unseren Kunden!"*
- *„Sie haben ja gar keine Ahnung, was hier abgeht!"*
- *„Das kann doch wohl nicht Ihr Ernst sein!"*
- *„Ihnen kann man auch wirklich nichts anvertrauen!"*
- *„Das ist zu teuer/aufwendig/langwierig/lang/kurz ..."*
- *„Das ist nicht gut genug / nicht ausgereift / nicht durchdacht / nicht strukturiert genug / nicht ..."*
- *„Alles graue Theorie, in der Praxis sieht das ganz anders aus."*
- *„In unserer Abteilung ist alles ganz anders, da funktioniert das nicht."*
- *„Wissenschaftlich sieht das aber ganz anders aus."*

Eigentlich handelt es sich bei Killerphrasen sogar um einen Symptomkomplex, der sich tendenziell auf der verbalen, verdeckten, aktiven und unbewussten Ebene abspielt. Killerphrasen sind oft nicht nur Konfliktsymptom, sondern auch Auslöser und Verstärker von Konflikten. Sie blockieren kreatives Denken und wirken oft demotivierend, da sie als Angriff oder Herabsetzung empfunden werden. Häufig geäußert, beeinflussen sie das Betriebsklima negativ und hemmen das offene Austragen von Konflikten.

Insbesondere wenn Führungskräfte Killerphrasen benutzen, wirkt sich das auch bei seltenem Gebrauch ziemlich schnell negativ aus. Mitarbeiter ziehen sich zurück, äußern keine Ideen mehr und eventuelle Konflikte schmoren unterschwellig. Aufgrund ihrer meist konfliktverschärfenden und insbesondere in der interkulturellen Kommunikation oft verheerenden Wirkung wird empfohlen, solche oder ähnliche abwertenden Äußerungen prinzipiell zu vermeiden.

2.2 Killer Phrases

One particular conflict symptom is singled out for special attention here because it is frequently both a cause and a symptom of conflicts: so-called 'killer phrases'. These consist of statements – often quite common unfortunately – which signal the following to the person they are directed at: this won't work, I'm not going to talk to you and I'm not prepared to discuss the matter or negotiate.

Killer phrases are unsustantiated, generalising and discounting blanket statements of rejection.

Here are some examples:
- *"That won't work!"*
- *"We've already tried that!"*
- *"How long have you been with us now?"*
- *"Try that with our customers!"*
- *"You have no idea what's going on here!"*
- *"You can't be serious about that!"*
- *"You can't be relied on for anything!"*
- *"That's too expensive/too much trouble/too time-consuming/too long/too short ..."*
- *"That's not good enough/not developed enough /not thought out enough /not structured enough/not ..."*
- *"That looks fine on paper, but things are different in practice."*
- *"Things are different in our department. That won't work there."*
- *"Scientifically it's a different story."*

Killer phrases actually even represent a symptom complex that tends to be played out at the verbal, concealed, active and unconscious level. They are frequently not just a conflict symptom, but also a trigger and reinforcer of conflicts. They block creative thinking and often have an anti-motivational effect, since they are perceived as an attack or belittlement. If they are expressed frequently, they have a negative influence on the work climate and are an obstacle to openly dealing with conflicts.

Particularly when killer phrases are used by management personnel, they quickly have a negative effect, even if they are expressed infrequently. Employees withdraw their input and stop expressing their ideas, allowing possible conflicts to simmer under the surface. Due to the intensifying effect they generally have on conflicts, which can escalate to disastrous proportions in intercultural communication in particular, it is fundamentally advised to avoid using such discounting statements or similar expressions.

3 Konfliktentstehung und -verlauf

In den seltensten Fällen sind Konflikte einfach da. Sie gleichen meist vielmehr einer Pflanze, die man erst sieht, nachdem sich unter der Erde unsichtbar schon einiges getan hat. Bereits in Kapitel 1.2 wurde deutlich, wie wichtig es ist, früh genug Konfliktsymptome zu erkennen. Um im Bild zu bleiben: Es geht oft darum zu wissen, welche Keime gelegt wurden, um die Konfliktentwicklung vorhersagen zu können. Daraus leitet sich die Unterscheidung von heißen und kalten Konflikten ab. Sie lernen im Folgenden ein Modell kennen, um die Konfliktgeschichte zu bearbeiten. Anschließend wird besonderes Augenmerk auf das Erkennen von Eskalationsprozessen und -dynamiken gelegt.

3.1 Phasen im Konfliktverlauf

In der Analyse von Konflikten lassen sich bestimmte Phasen unterscheiden, die eine Betrachtung des Konfliktverlaufs von außen ermöglichen. Je nach Individuum, Kultur, Vorerfahrung mit der Beziehung, dem Kontext, den Konfliktlösungskompetenzen etc. verlaufen Konflikte unterschiedlich.

In der Praxis bewährt hat sich die diagnostische Unterteilung des Konfliktverlaufs in vier grundlegende Stufen (siehe Abb. 2):

Phase 1: Die Anbahnung
In der ersten Phase sind Konflikte in der Regel verborgen oder schwelen latent im Hintergrund. Da gibt es eine den Beteiligten zunächst nicht bewusste oder nur von einem Partner wahrgenommene Missstimmung zwischen Menschen oder strukturelle Unstimmigkeiten, die Konflikte quasi vorprogrammieren. Man denkt noch nicht in Konfliktbildern, aber es ist in der Regel ein erstes Unwohlsein spürbar.

Phase 2: Die Rationalisierung
In der nächsten Phase bewegt sich der Konflikt an der imaginären Grenze zwischen verdecktem und offenem Konflikt. Einem oder mehreren Beteiligten wird mehr oder weniger klar, dass irgendetwas nicht stimmt. Dennoch geben sie sich Mühe, gute Miene zum bösen Spiel zu machen, diskutieren weiterhin auf der Sachebene und versuchen das Thema inhaltlich zu lösen. In dieser Phase kommen sie jedoch kaum weiter, es gibt viele zähe Diskussionen und verdeckt werden vielleicht spitze Bemerkungen gemacht.

Manchmal wird die Phase der Rationalisierung auch übersprungen und es kommt gleich zu einer emotional geladenen Aus-

3 The Emergence and Course of Conflicts

In the rarest of cases, conflicts are simply there. Usually they more closely resemble a plant, which is only visible after it has, although much has already happened below the surface. Chapter 1.2 already emphasised the importance of recognising conflict symptoms at an early stage. In line with this, it is often important to know what seeds have been planted in order to be able to predict the development of the conflict. The differentiation between hot and cold conflicts is derived from this. In the following section, you will become familiar with a model for working out the history of conflicts. Afterwards, special attention will be paid to recognising escalation processes and dynamics.

3.1 Phases in the Course of a Conflict

In the analysis of conflicts, certain phases can be distinguished which enable the observation of the course of the conflict from outside. Conflicts progress differently depending on the individuals involved, the culture, previous experience with the relationship, the context, the conflict resolution skills, etc.

In practice, the diagnostic division of the courses of conflicts into four basic phases has proven reliable (see Ill. 2):

Phase 1: Initiation
In their first phase, conflicts are generally concealed or are smouldering latently under the surface. One of the participants initially experiences a feeling of discord between people or a structural discrepancy that is unconscious or perhaps only recognised by a partner, and which practically pre-programmes conflicts. One is not yet thinking in terms of conflict images, but generally the first traces of unease are perceptible.

Phase 2: Rationalisation
In the next phase, the conflict flows between the imaginary borders between concealed and open conflict. One or more participants more or less suspect that something is not right. Still, they try to put a positive face on things, continue the discussion at the factual level and attempt to resolve the content of the topic in question. In this phase, however, they cannot seem to make significant progress. There are many tough discussions, and perhaps even pointed remarks are made in a concealed manner.

einandersetzung. Oder es kommt umgekehrt nach einem emotionalen Ausbruch zur Rationalisierung, Beschwichtigung und Unterdrückung von Gefühlen.

Phase 3: Die Emotionalisierung

Meistens sind Konflikte nicht nur durch rationale Argumentation lösbar. Wird die zu zugrunde liegende Konfliktursache – sei es strukturell, persönlich oder in den Beziehungen – nicht gefunden und geklärt, so steigt die Spannung, die sich auch für die Beteiligten in mehr Frustration oder gestautem Ärger bemerkbar macht. Auffällig ist, dass in dieser Phase eher „heiße" Konfliktbilder (*„Der Druck steigt"*) und eine emotionalisierte Sprache (*„Das ist ja unerträglich"*) benutzt werden. Wenn die emotionale Phase übersprungen wird, kann es dann auch direkt zur Verhärtung weitergehen.

Phase 4: Offener Kampf oder Rückzug/Verhärtung

Am Ende der Emotionalisierungsphase kommt es zum „Ausbruch", zur offenen Konfrontation. Oft reicht dann schon ein kleiner Funke und die Beteiligten werden laut. So ein „Gewitter" kann oft die „Luft reinigen", wie ein Sprichwort sagt.

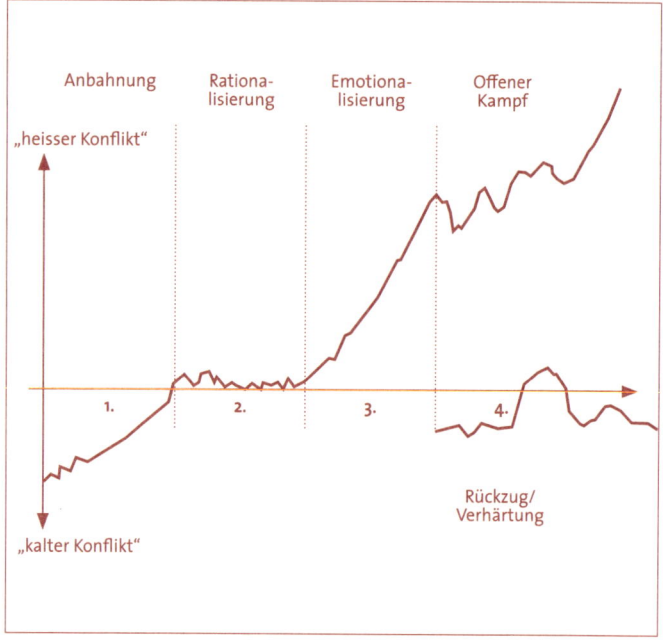

Abb. 2: Phasen der Konfliktentwicklung

Sometimes the rationalisation phase is also skipped over and things progress directly to an emotionally charged conflict. Or conversely, an emotional outbreak leads to the rationalisation, placation and the suppression of feelings.

Phase 3: Emotionalisation
Conflicts are usually not resolvable by rational argumentation alone. If the fundamental conflict cause – be it structural, personal or in the relationships – is not found and clarified, then the tension rises and also becomes palpable for the participants in increased frustration or accumulated irritation. It is a notable feature in this phase that more "hot" conflict images ("The pressure is rising") and emotionalised language ("That is unbearable") emerge. If the emotional phase is skipped, then things can also proceed directly to the hardening phase.

Phase 4: Open battle or retreat/hardening
At the end of the emotionalisation phase, there is an "outbreak" into open confrontation. In such case, a small spark is frequently enough to set off the participants into loud discussion. This type of "thunderstorm" can often "clear the air", as the saying goes.

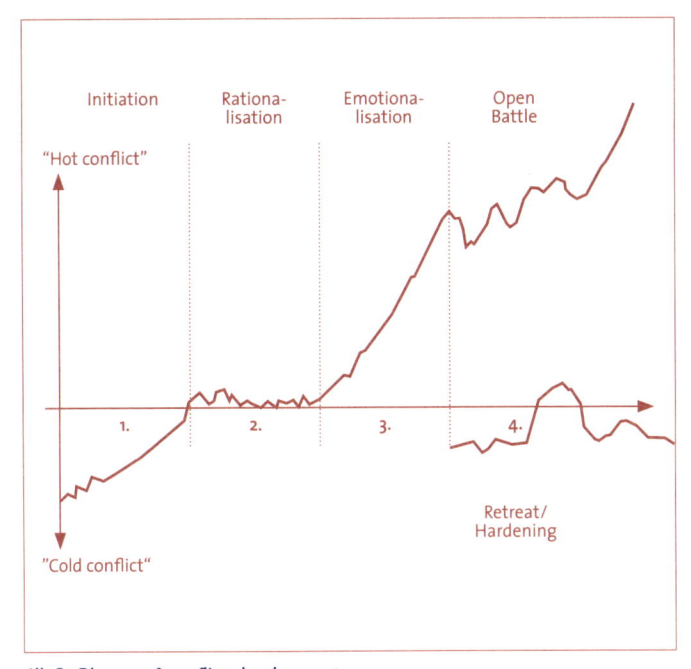

Ill. 2: Phases of conflict development

Nicht in allen Situationen oder Beziehungen ist ein Gewitter möglich – so verbietet es sich z.B. in der Regel zwischen Mitarbeiter und Vorgesetztem. Die eigentlich auf Explosion gerichtete Energie muss jedoch anders freigesetzt werden. Statt zu einem offenen Kampf kann es dann auch zu einer Implosion oder Chronifizierung des Konfliktes kommen (vgl. Thomann 2002).

Dabei bedeutet Implosion, dass sich einer der Konfliktpartner innerlich völlig zurückzieht. Eisiges Schweigen, Dienst nach Vorschrift oder Überanpassung sind dann das Ergebnis. Dieser tiefgefrorene Konflikt ist oft nur noch lösbar, wenn die andere Konfliktpartei deutlich positive Schritte macht oder ein anderes „erwärmendes" Ereignis eintritt.

Wenn keine Implosion stattfindet, kann es auch sein, dass der Konflikt äußerlich so weitergeht wie bisher. Man spricht hier von Verhärtung oder Chronifizierung. Man beißt die Zähne zusammen, unterdrückt Gefühle und macht seine Arbeit. Eine Kultur, in der Konflikte verhärtet sind und für die Beteiligten grundsätzlich nicht lösbar erscheinen, drückt sich dann nach außen oft zynisch oder sarkastisch aus. Eine Verhärtung kann auch nach der Explosion stattfinden, wenn diese nicht zur Erleichterung, Lösung und offenen Aussprache, sondern zu Verletzung und Kränkung führt.

3.2 Kalte und heiße Konflikte unterscheiden

Häufig wird der Konfliktverlauf in Form von Eskalationsdynamiken im Sinne einer Fieberkurve (Thomann 2002) betrachtet. Jedoch verlaufen nicht alle Konflikte in ihrer Ausprägung hitzig. Um in der Krankheitsmetapher zu bleiben:

> *Konflikte können sich nicht nur in Fieber, sondern auch in chronischen Krankheiten niederschlagen – hier wäre z.B. ein Krebsgeschwür das passende Bild.*

Für chronifizierte Konflikte ist ein „Auftauen" nötig – es gilt, die schwelenden Themen (wieder) besprechbar zu machen. Schleichende Konflikte können sich lange Zeit unbemerkt aufstauen. Oft sind dann sprunghafte Eskalationen zu beobachten, die sich den Beteiligten auf besondere Weise einprägen.

Solche unterschwelligen Konflikte werden auch als kalte Konflikte bezeichnet. Wie im kalten Krieg gibt es keine Kampfhandlungen, jedoch Abgrenzungen, Beschränkungen und eine Reduktion der Kommunikation. Nach außen kann man sich vormachen, dass alles in Ordnung ist. Das Gefährliche an kalten Konflikten ist, dass vieles im Hintergrund läuft, z.B. schaukeln sich Feindbilder

A 'thunderstorm' is not possible in every situation or relationship – for instance, this is generally not appropriate between employees and their supervisors. Nevertheless, the explosive energy must still be released somehow, and instead of an open battle the conflict could now become an implosion or adopt a chronic character (cf. Thomann 2002).

Implosion in this sense means that one of the conflict partners internally withdraws entirely. Icy silence, the job performed only in accordance with what is strictly required or over-conformity are the subsequent result. In such cases, this type of 'deep frozen' conflict is often only capable of resolution if the other conflict party undertakes clearly positive steps or another "warming up" event occurs.

If no implosion takes place, then it is also possible that the conflict could continue externally as it has previously done. Such cases are referred to as hardening or "chronification". One 'bites his/her tongue', suppresses feelings and gets on with the work at hand. A culture in which conflicts are hardened and do not appear to the participants to be fundamentally capable of resolution is often expressed outwardly with cynicism or sarcasm. Hardening can also follow on an explosion if it leads to hurt and insult instead of relief, resolution and open discussion.

3.2 Distinguishing Between Cold and Hot Conflicts

The course of a conflict is often observed in the form of escalation dynamics as defined by a 'fever curve' (Thomann 2002). Still, the nature of their progression is not necessarily 'hot' for all conflicts. In keeping with the illness metaphor:

> *Conflicts can be reflected not only in fevers, but also in chronic illnesses – a cancerous ulcer would for instance be an example of an appropriate image.*

Chronic conflicts must be "thawed out" – it is imperative that the smouldering topics become capable of discussion again. Sneaking conflicts can build up unnoticed over a long period of time. In such instances, sudden escalations can frequently be observed which leave a lasting impression on the participants.

Such underlying conflicts are also designated as 'cold'. Just like in the 'Cold War', there are no active hostilities, but there are restrictions, limitations and a reduction in communication. Outwardly, one can pretend that everything is OK. The danger of cold conflicts is that so much happens behind the scenes; for example, the other party is "demonised" or aggressions are built up. This can

hoch oder es werden Aggressionen angesammelt. Das kann bis zu Verschwörungen und der Planung von feindlichen Handlungen gehen.

Kalten Konflikten liegen oft folgende entweder persönliche oder kulturelle Grundannahmen zugrunde:

- Grundannahme der Konfliktvermeidung: *„Konflikte dürfen oder können nicht sein. Wir müssen die Harmonie bewahren."* Mit dieser Grundhaltung werden so lange wie möglich die Zähne zusammengebissen. Je nach Kultur platzt jemandem dann irgendwann der Kragen und der schwelende kalte Konflikt wird zum heißen.
- Grundannahme der Unlösbarkeit: *„Mit der anderen Seite kann man nicht reden bzw. sie hat Schlechtes im Sinn."* Hier ist dann oft eine Verhärtung sichtbar, ein „eisiges Schweigen" oder Blockadestrategien bei fortgeschrittenen, ehemals heißen und ungelösten Konflikten.

Symptome für kalte und heiße Konflikte

Kalte Konflikte	Heiße Konflikte
Symptomkategorie tendenziell: nonverbal, verdeckt, passiv, unbewusst	Symptomkategorie tendenziell: verbal, offen, aktiv, bewusst
Anzeichen: • Geringe äußere Emotionalität • Überengagement • Überzeugungsversuche • Enttäuschung, Selbstzweifel • Blockaden • Glaube an Unlösbarkeit • Tiefe Aversionen gegeneinander • Kontaktvermeidung • Formalisierung	Anzeichen: • Hohe Emotionalität • Direkte Konfrontation • Keine Trennung von Mensch und Sache • Überlegenheitsdünkel • Aufgeheizte Atmosphäre • Verfechten eigener Ziele • Ignorieren von Regeln und Vereinbarungen
Strategie: • Verschärfen • Bewusst und besprechbar machen • Visionen für die Zukunft entwickeln • Zur Zusammenarbeit strukturell „zwingen"	Strategie: • Entschärfen • Abstand gewinnen • Beziehungen vor Sachthemen klären • Offene Aussprache

lead to conspiracies and the planning of hostile actions.

Cold conflicts often have their basis in the following basic assumptions at either the personal or the cultural level:

- Basic assumption of avoiding conflict: *"Conflicts can not be permitted. We must preserve harmony."* This basic posture is used to continue gritting one's teeth for as long as possible. Depending on the culture, someone or other gets fed up at some point, and the simmering cold conflict becomes hot.

- Basic assumption of irreconcilability: *"There's no discussing with the other side"* or *"They're up to something."* Here we often see hardening, "icy silence" or blockage strategies in advanced conflicts that were formerly hot and remain unresolved.

Symptoms of Cold and Hot Conflicts

Cold conflicts	Hot conflicts
Symptom category tendencies: Nonverbal, concealed, passive, unconscious	Symptom category tendencies: Verbal, open, active, conscious
Signs: • Low level of external emotionality • Over-commitment • Attempts to persuade • Disappointment, self-doubt • Blockages • Belief in irreconcilability • Deep mutual aversion • Avoidance of contact • Formalisation	Signs: • High level of external emotionality • Direct confrontation • No distinguishing between the person and the topic • Air of superior arrogance • Charged atmosphere • Advocating one's own objectives • Ignoring rules and agreements
Strategy: • Intensifying • Making the issue conscious and capable of discussion • Developing visions for the future • Structurally "forcing" collaboration	Strategy: • Defusing • Obtaining distance • Clarifying relationships before topical matters • Open discussion

Heiße Konflikte werden von den meisten Menschen als unangenehm erlebt, bergen jedoch die Chance einer Klärung, eines „reinigenden Gewitters" in sich, wenn sie ernst und als Anlass für Klärungsgespräche genommen werden. Bei heißen Konflikten geht es in erster Linie darum, die „heißen", aufgebrachten Gemüter wieder abzukühlen, einen klaren Kopf zu gewinnen, z.B. „eine Nacht darüber zu schlafen" etc., also den Konflikt zu entschärfen.

In der oben stehenden Übersicht sind die Unterscheidungskriterien aufgrund der Symptomkategorien sowie Anzeichen und Interventionsstrategien dargestellt (nach Berkel 2002). Dabei handelt es sich eher um Tendenzen, z.B. kann ein heißer Konflikt bewusst, aber sehr wohl auch unbewusst ablaufen.

3.3 Die Konfliktgeschichte erzählen

Oft ist es sehr hilfreich, auslösende Momente in der Konfliktentstehung zu identifizieren und von der Vergangenheit her ein neues Verständnis für Konfliktursachen zu entwickeln. Dies ist insbesondere dann der Fall, wenn ein Konflikt seit einem bestimmten Zeitpunkt besteht, den man als einen verdeckten oder offenen Auslöser rekonstruieren kann.

Eine vergangenheits- bzw. ursachenorientierte Analyse richtet sich beispielsweise auf folgende Fragebereiche:
- Wann ist das Problem / der Konflikt entstanden?
- Welche vergangenen Erfahrungen und Muster bedingen die aktuelle Konfliktsituation?
- Wo, wie und wann wurde der Keim für die heutige Situation gelegt?
- Wann gab es in der Vergangenheit Wendepunkte in der Konfliktentwicklung?
- Wie wiederholt sich die Konfliktsituation in unterschiedlichem Gewand?

Eine derartige Analyse bietet neben dem Verständnis oft auch Entlastung für die Beteiligten. Häufig ist der Konflikt unter einem anderen Namen schon früher aufgetaucht und wurde verdrängt.

> *Erst in der Vogelperspektive wird dann deutlich, dass sich Muster wiederholen, die oft wenig mit persönlicher Schuld oder Unfähigkeit zu tun haben.*

Oft werden so genannte Sündenbockfunktionen dann von wechselnden Mitarbeitern übernommen und lenken von darunterliegenden strukturellen Themen ab.

Most people find hot conflicts unpleasant, but they harbour an opportunity for clarification in the form of a "cleansing thunderstorm" if they are taken seriously and as a chance for discussion leading to clarification. With hot conflicts, the first priority is to cool down the "hot" emotions and get a clear head, for example "sleeping on it for a night", etc., that means defusing the conflict.

The overview above depicts the differentiation criteria on the basis of the symptom categories, signs and intervention strategies (according to Berkel 2002). It focuses more on tendencies; for example, a hot conflict can progress consciously but undoubtedly also unconsciously.

3.3 Recounting the History of the Conflict

It is often very helpful to identify instances in the emergence of a conflict that were the key to provoking it in order to develop a new understanding of the conflict causes in retrospect. This is especially the case if a conflict has existed since a specific point in time that can be reconstructed as a concealed or open trigger.

The analysis focused on the past or causes is directed by questions related to the following issues, for example:
- When did the problem / the conflict emerge?
- What past experiences and patterns are conditional to the current conflict situation?
- Where, how and when was the seed for the current situation planted?
- When were there turning points in the past in the development of the conflict?
- How does the conflict situation repeat itself in different guises?

In addition to providing understanding, this type of analysis frequently also offers relief for the participants. Often, the conflict arose earlier under a different name and was suppressed.

> *This bird's-eye view is often the first revelation that patterns are repeated which frequently have little to do with personal fault or inability.*

Often, scapegoat functions are then taken on by various employees, consequently distracting from the underlying structural topics.

In Abb. 2 wurde ein schematischer Konfliktverlauf aufgezeigt. Da diese Verläufe jedoch sehr unterschiedlich sind, ist es für die Konfliktdiagnose hilfreich, alle Beteiligten typische Ablaufmuster von Konflikten aus ihrer Sicht schildern zu lassen.

Beispiel

> Zwischen einer deutschen und einer algerischen Firma gibt es eine Liefervereinbarung. Die algerische Firma ist jedoch immer wieder im Verzug. Für die deutsche Seite liegt das Hauptthema ganz eindeutig in der Einhaltung klarer Absprachen. Sie spricht das an, versucht aufzuklären und drängt auf Einhaltung der Zeiten. Bei einer offenen Aussprache stellt sich heraus, das der Grund für die mangelnde Übereinstimmung aus algerischer Sicht darin liegt, dass sie sich durch das direktive Auftreten der Deutschen in die Defensive gedrängt und in vielen inhaltlichen Themen zurechtgewiesen fühlte. Ihr Hauptthema ist es, eigene machbare Wege zu finden und mehr Zeit für die Umsetzung neuer Prozessschritte zu haben.

Aus den subjektiven, emotionalen Stellungnahmen wird dann deutlich, für wen welche Themen von Bedeutung sind, wer Einfluss hat, worin Konfliktursachen liegen etc.

Um die notwendigen Informationen zu erhalten, können Ursachenanalysen durchgeführt werden, aus denen dann wichtige Erkenntnisse für mögliche Konfliktbewältigungsstrategien resultieren. Zu solchen Erkenntnissen kann man entweder durch Einzelinterviews oder durch Workshops gelangen. Wenn es sich um ziemlich verhärtete Konflikte oder unerfahrene Konfliktparteien handelt, sind Einzelinterviews sinnvoll. Ist eine Bereitschaft zur Auseinandersetzung vorhanden, kann in Workshops die Konfliktgeschichte aus Sicht der beteiligten Konfliktgruppen erforscht werden.

Methodisch ist es hilfreich, ein Flipchart-Plakat „Konfliktlinien" (Abb. 3) zu erstellen, bei dem auf der x-Achse die Zeit und auf der y-Achse die emotionale Stärke eingetragen wird. Anschließend können die Beteiligten – zum Beispiel im Workshop – darüber sprechen, welche wichtigen Ereignisse (E1 bis En) im vergangenen Zeitraum aufgetreten sind und wie sie deren emotionale Stärke beurteilen.

Anschließend können diese durch verschiedene Methoden erhaltenen Bilder und Informationen (siehe auch die Aufgabe auf der folgenden Seite) den Start für eine Verständigung darstellen.

The emergence and course of conflicts

Ill. 2 depicted a schematic progression of a conflict. However, since such progressions indeed differ greatly, it is helpful for conflict diagnosis to allow all of the participants to explain typical conflict progression patterns from their point of view.

Example

There is a supply agreement between a German company and an Algerian company. However, the Algerian company has had repeated delays. On the German side, the main concern is compliance with clear agreements. They address the matter, attempt to explain the situation and apply pressure for complying with the delivery times. An open discussion reveals that the Algerian view of the reason for the lack of congruence is the authoritative nature of the German side's posture, which has left the Algerians feeling forced onto the defensive and snubbed in regard to many content-related topics. Their main concern is finding their own feasible methods and having more time for the implementation of new process steps.

The subjective, emotional commentary clarifies which topics are important for which party, who has influence, the roots of conflict causes, etc.

Cause analyses can be conducted to receive the necessary information, and these analyses can provide important insights for possible conflict resolution strategies. One can conduct individual interviews or workshops to obtain such knowledge. Individual interviews make sense for conflicts where positions have hardened or the conflict parties are inexperienced. If there is a willingness to discuss the matter, then workshops provide a forum for researching the history of the conflict from the viewpoint of the participating conflict groups.

In methodological terms, it is helpful to create a "Conflict Lines" flipchart poster (Ill. 3) with the X-axis charting the time and the Y-axis charting the emotional strength. Then the participants can discuss, perhaps in a workshop, the important results (R_1 to R_n) that have occurred during the past time period and how they would assess their emotional strength.

Finally, these images and the information (also see the exercise on the following page), obtained through a variety of methods, could represent the starting point for understanding.

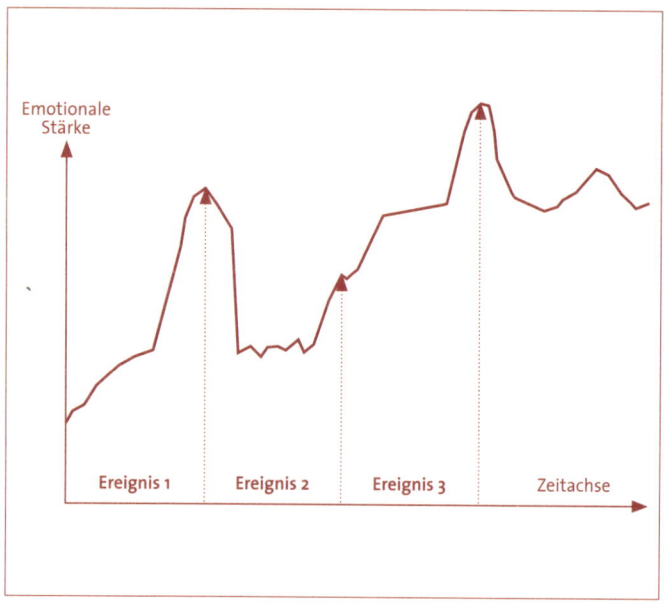

Abb. 3: Konfliktgeschichte als Linie

Aufgabe

Malen Sie für einen Konflikt, den Sie selbst erlebt haben, die Konfliktgeschichte entlang der Zeitachse auf. Malen Sie zusätzlich zu Ihrer Konfliktgeschichte auch die des Konfliktpartners. Versetzen Sie sich dabei in dessen Position. Sprechen Sie dann mit einem Unbeteiligten, der eine Moderationsfunktion übernehmen und Fragen stellen kann, über Ihre Sicht der Konfliktgeschichte und die Ihres Partners.

Die vergangenheitsorientierte Analyse ist weniger sinnvoll, wenn es sich um diffuse, festgefahrene Konfliktkreisläufe handelt, in denen Ursachen nicht mehr festzustellen sind und eine Fokussierung darauf das Problem verstärken würde. In diesen Fällen ist es besser, sich auf die Gegenwart und auf Zukunftsprognosen zu konzentrieren.

3.4 Grundlegende Eskalationsmechanismen erkennen

Eskalationsdynamiken erfolgen in Form von zirkulären Prozessen, man spricht auch von einem Teufelskreislauf (circulus vitiosus, s. Abb. 4). Teufelskreisläufe sind so miteinander verzahnt, dass sie einem gordischen Knoten gleichen.

The emergence and course of conflicts

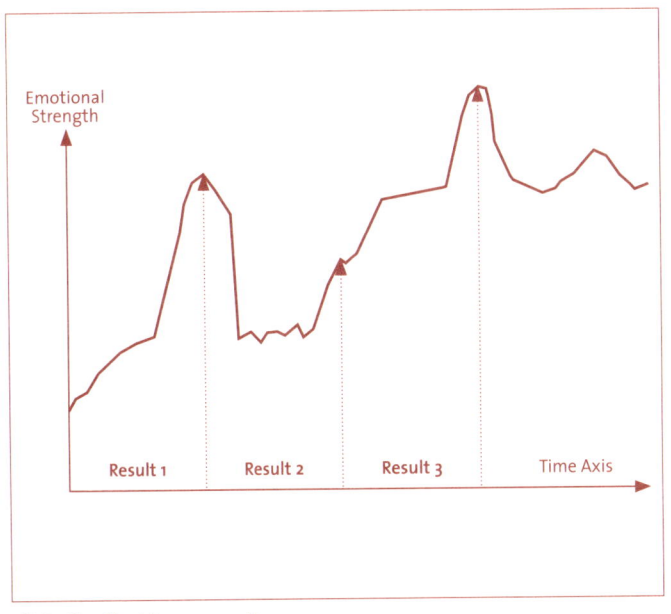

Ill. 3: Conflict history as a line

> **Exercise**
>
> *Take a conflict that you have experienced and draw out its history along the time axis. Also draw out the history of your conflict partner. Now put yourself in their position. Then talk to a neutral party who can take on a moderation function and who can pose questions on your view of the conflict history and that of your partner.*

A past-orientated analysis makes less sense when the topic consists of diffuse, deadlocked conflict cycles where the causes can no longer be determined and where focusing on the matter will only increase the problem. In such cases, it is better to concentrate on the present and on future prognoses.

3.4 Recognising Fundamental Escalation Mechanisms

Escalation dynamics ensue in the form of circular processes. One speaks of a "vicious circle" (circulus vitiosus, see Ill. 4). Vicious circles are so interlocked within one another that they resemble a Gordian knot.

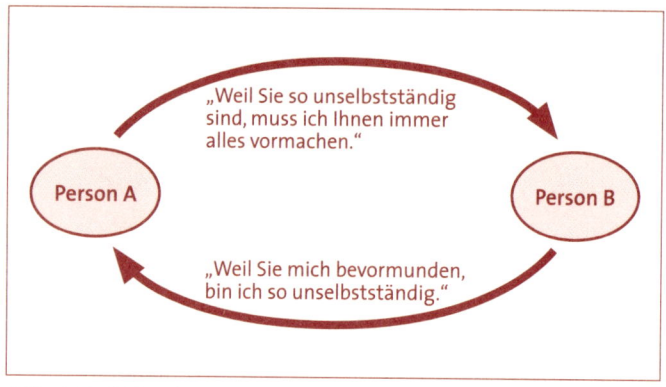

Abb. 4: Teufelskreislauf

Die zentralen Eskalationsmechanismen (nach Glasl 2004) sind zirkuläre, sich selbst verstärkende Feedbackmechanismen, die im Folgenden als Spannungsfelder beschrieben werden.

Generalisierungsmechanismus
Schon in frühen Stadien der Konfliktentwicklung suchen beide Parteien nach Informationen, Argumenten und Behauptungen, die ihre jeweilige Position bestärken. Auch unbewusst strahlt der Konflikt auf die Stimmung und Wahrnehmung in andere Bereiche aus. Da hat z.B. jemand eine stressige Krisensitzung hinter sich und geht mit angespannten Gesichtszügen und erhöhter Gereiztheit ins nächste Meeting.

Hinzu kommt, dass unsere Aufnahmekapazität begrenzt ist und wir nur das wahrnehmen, was zu unserer bisherigen Wahrnehmung, also in unser Bezugssystem passt. Je höher die Reizüberflutung und je höher der Stress, desto stärker filtern Menschen Informationen und vereinfachen Zusammenhänge. Je mehr also die Konfliktthemen auf der Handlungsebene ausgeweitet werden, desto mehr versuchen Menschen in ihrer Wahrnehmung unbewusst, durch den Mechanismus der Komplexitätsreduktion gegenzusteuern. Sie verursachen dadurch jedoch weitere Missverständnisse und damit eine weitere Ausdehnung des Konfliktstoffs, was wiederum zu weiterer Komplexitätsreduktion führt – etc.

Interpunktionsmechanismus
In Konflikten haben die Beteiligten unterschiedliche Sichtweisen darüber, was wichtige Themen und was Ursache und Wirkung sind. Die eine Partei beschuldigt dann die andere, Verursacher zu sein, und umgekehrt. Dabei geht es oft nur oberflächlich um die objek-

Ill. 4: Vicious circle

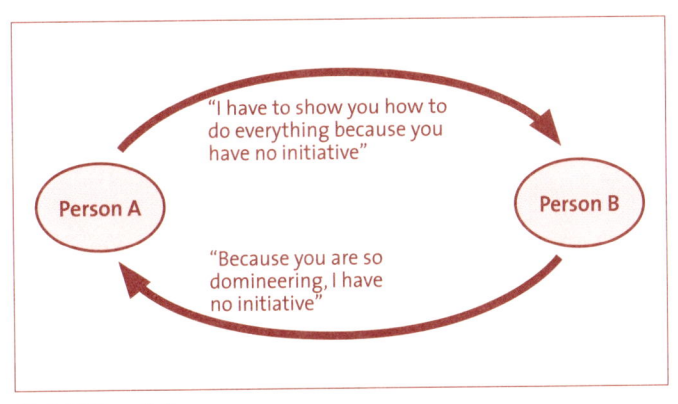

The central escalation mechanisms (according to Glasl 2004) are circular, self-intensifying feedback mechanisms that are described in the following section as tension fields.

Generalisation mechanism
The early stages of the development of a conflict see both parties searching for information, arguments and assertions to reinforce their positions. The conflict also unconsciously permeates one's mood and perception in other areas. For example, someone has completed a stressful emergency meeting and goes into the next meeting with a tense facial expression and increased irritability.

Added to this is the fact that our intake capacity is limited and we only register things that conform to our prior perceptions, i.e. those that fit in with our frame of reference. The greater the levels of over-stimulation and stress, the more people filter information and simplify correlations. The more the conflict topics are expanded to the operating level, the more people attempt to counteract them unconsciously in their perception by means of the mechanism of complexity reduction. However, this causes further misunderstandings resulting in an expansion of the substance of the conflict, leading in turn to additional complexity reduction, etc.

Interpunction mechanism
The conflict participants have differing views on what topics are significant and on what cause and effect are. One party accuses the other of being the cause and vice-versa, thereby in fact only superficially addressing the objective causes and instead actually look-

tiven Ursachen, sondern eigentlich eher um das Auffinden von Schuldigen. Watzlawick et al. (2007) nennen die Streitfrage „Wer hat angefangen?" das Interpunktionsproblem. Wie die Frage, wer zuerst da war, die Henne oder das Ei, führt sie zu endlosen Diskussionen, in denen immer mehr Komplexität, Unüberschaubarkeit und Vernetzung zu bewältigen sind.

Projektionsmechanismus
Wenn Personen oder Gruppen einen inneren Konflikt haben, mit dem sie nicht zurecht kommen oder der ihnen gar nicht bewusst ist, leugnen sie die eigene Schwäche oder Unzulänglichkeit oftmals und projizieren sie auf andere. So werden die inneren Spannungen unterdrückt, der Konflikt abgespalten und Anzeichen bei anderen werden als Grund dafür genommen, heftig zu reagieren. Anschließend wird dann dem anderen die Schuld dafür zugeschrieben, dass man selbst so übertrieben reagiert hat. So werden „Sündenböcke" erzeugt. Dieser Mechanismus ist einer der wesentlichen bei dem Symptom Mobbing (Kapitel 11).

Feindbildmechanismus
Wenn Konflikte stressiger und psychisch belastend werden, werden Vertraute eingeweiht, die unmerklich zu Koalitionspartnern werden. Dieses ursprünglich nicht als „Kriegstaktik" gemeinte Verhalten wird oft von der anderen Partei als feindselige Handlung ausgelegt. Die andere Partei sucht dann auch – diesmal aber als vermeintliche Gegenreaktion aufgefasst – Koalitionspartner und Vertraute.

Paradoxerweise führt dies einerseits zu einer Personifizierung und zu persönlichen Zuschreibungen und andererseits zu einer Formalisierung, Distanz bzw. Entpersonifizierung: Nicht mehr das eigentliche Konfliktthema scheint das Problem zu sein, sondern die beteiligten Personen (Personifizierung). Gleichzeitig wird nicht mehr der Mensch hinter dem Konflikt gesehen, sondern nur die Person als Verteter einer bestimmten Position bzw. Rolle.

Mechanismus der „sich selbst erfüllenden Prophezeiung"
Glasl (2004) nennt diesen Mechanismus auch „pessimistische Antizipation": Jeder der Beteiligten erlebt sich in Notwehr gegen die Kontrolle durch den anderen und wehrt sich dagegen mithilfe von Gegenkontrolle (Schmid 2006). Je weiter der Konflikt fortgeschritten ist und die zuvor genannten Mechanismen wirken, desto mehr glaubt man, durch vorweggenomme Verteidigungen den Konflikt beenden zu können. Fast alle militärischen Abschreckungs-

ing simply for someone to blame. Watzlawick et al. (2007) calls the "Who started it?" dispute question the "interpunction problem". Just like the question of whether the chicken or the egg came first, it leads to endless discussions muddled by ever-increasing levels of complexity, unmanageability and entanglement.

Projection mechanism

When persons or groups have an internal conflict that they cannot cope with or are perhaps even unaware of, they often deny their own weakness or shortcomings and project them onto others. This suppresses the inner tensions and splinters the conflict, with symptoms displayed by others then taken as justification for heavy reactions. The fault for one's own excessive reaction is ultimately attributed to the other person; this is how "scapegoats" are created. This is one of the most significant mechanisms in the symptom of 'mobbing' (Chapter 11).

Enemy image mechanism

When conflicts become more stressful and a greater mental burden, then trusted parties are informed of the situation and inconspicuously become coalition partners. Such conduct, not originally intended as a 'war tactic', is nevertheless often interpreted by the other party as a hostile act. The other party then also seeks out coalition partners and trusted allies, although this is then conceived on their part as a counteraction.

Paradoxically, this leads to personalisation and personal attribution on the one hand, but to formalisation, distance or depersonalisation on the other: Now the actual topic of conflict is no longer seen as being the problem, but rather the participating persons (personalisation). At the same time, it is no longer the person behind the conflict that is seen, but the person as a representative of a specific position or role.

The "self-fulfilling prophecy" mechanism

Glasl (2004) also calls this mechanism "pessimistic anticipation": Each of the participants sees themselves in self-defence against the control of the opposing party and with the aid of counter-attempts subsequently resists such control instead (Schmid 2006). The more advanced the conflict is, and the greater the effect of the previously-mentioned mechanisms, the more one believes that the conflict can be ended with anticipatory, pre-emptive defensive

manöver funktionieren auf diese Weise. Die als „Bremse" gemeinte Abschreckung erzeugt beim jeweils anderen den Eindruck des „Gasgebens". Beide Parteien erzeugen so erst das Szenario, das sie eigentlich abwehren wollen, und beschleunigen auf diese Weise den Eskalationsprozess.

Übersicht: Eskalationsdynamiken

Mechanismus	Spannungsfeld	Methapher
Generalisierung	Ausweitung versus Vereinfachung	„Aus der Mücke einen Elefanten machen"
Interpunktion	Vernetzung versus Entkoppelung	„Da beißt sich die Katze in den Schwanz"
Projektion	Unterdrückung versus Ausleben	„Den Splitter im Auge des anderen sehen, aber den Balken im eigenen nicht"
Feindbild	Personifizierung versus Formalisierung	„Wer nicht für uns ist, ist gegen uns"
Sich selbst erfüllende Prophezeiung	Bremsen versus Beschleunigung	„Angriff ist die beste Verteidigung"

3.5 Die Eskalationsphase des Konflikts bestimmen

Konfliktäre Negativentwicklungen sind Abwärtsprozesse. Man spricht dann davon, dass „*es abwärts geht mit uns*", dass „es" (die Beziehung, das Team) nicht mehr so ist wie früher etc. Gemeint ist damit, dass sich im Laufe der Konfliktentwicklung Beziehungen verschlechtern, Haltungen und Einstellungen verändern, Wahrnehmungen verzerren, die Parteien sich mehr und mehr voneinander entfremden und Lösungsmöglichkeiten stark eingeengt werden.

Jede Stufe ist durch spezifische Schwellen gekennzeichnet, die oft erst im Nachhinein als solche erkennbar sind. Auch ist jede Phase an einer charakteristischen Strategie erkennbar. Die in Abb. 5 dargestellten Stufen lassen sich den zu Beginn dargestellten allgemeinen Konfliktentwicklungsphasen (Abb. 2) zuordnen.

measures. Virtually every military deterrent manoeuvre functions in this way. The deterrent, intended as a 'brake', creates the impression with the opposing party of 'hitting the gas'. This is how both parties create the situation that they actually wanted to avoid in the first place, thereby accelerating the escalation process.

Overview: Escalation Dynamics

Mechanism	Tension field	Methaphor
Generalisation	Expansion versus simplification	"Making a mountain out of a molehill"
Interpunction	Entanglement versus disengagement	"Caught in one's own trap"
Projection	Suppression versus realisation	"Seeing the demon in the other person without seeing the devil in the mirror"
Enemy image	Personalisation versus formalisation	"You're either with us or against us"
Self-fulfilling prophecy	Braking versus accelerating	"Attack is the best defence"

3.5 Determining the Escalation Phase of a Conflict

Conflictive negative developments are regressive processes. One says things like "It's all going downhill with us", that "it" (the relationship, the team) is not like it used to be, etc. What this means is that relationships worsen during the course of the conflict development, postures and attitudes change, perceptions become distorted, the parties move further and further away from one another and resolution possibilities are heavily constricted.

Each phase is distinguished by specific thresholds that are often only recognisable as such in retrospect. Each phase is also recognisable through a characteristic strategy. The phases depicted in Ill. 5 allow the allocation of the general conflict development phases (Ill. 2) specified at the start.

Konfliktentstehung und -verlauf

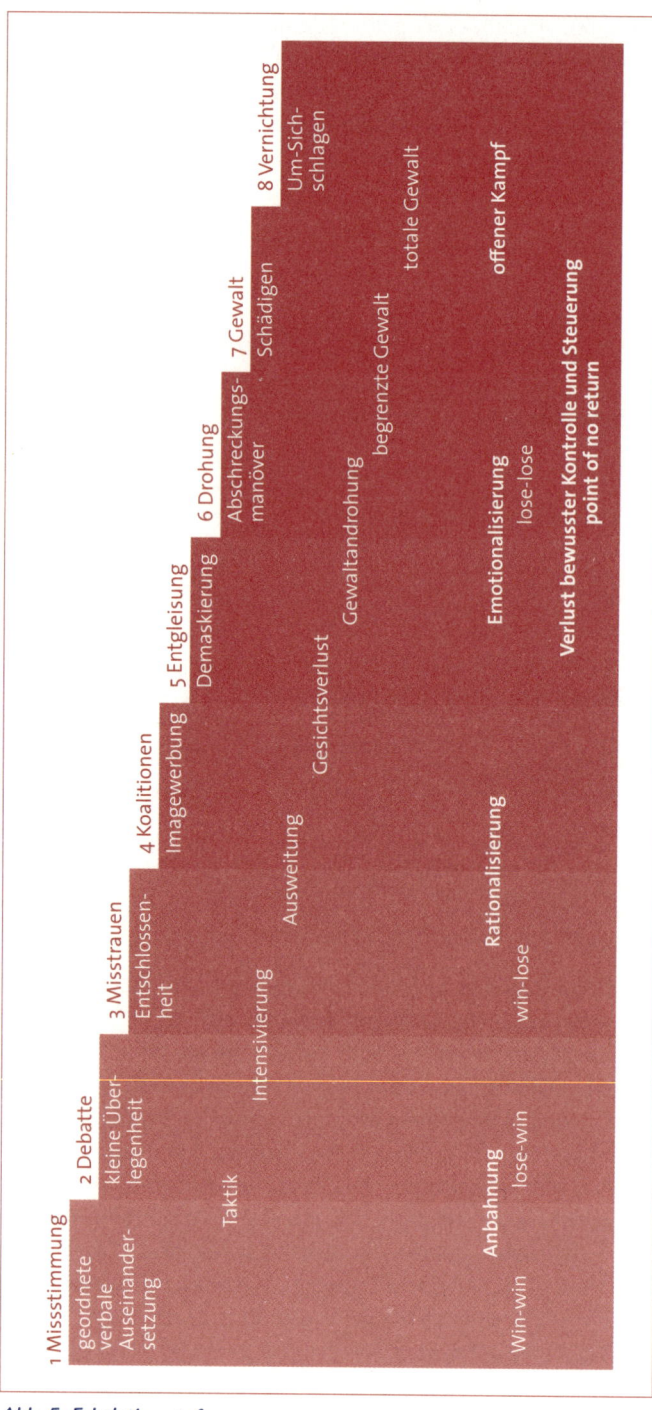

Stufe	Bezeichnung	Merkmale	
1	Missstimmung	geordnete verbale Auseinandersetzung	Taktik / Intensivierung — Anbahnung — Win-win
2	Debatte	kleine Überlegenheit	lose-win
3	Misstrauen	Entschlossenheit	Ausweitung — Rationalisierung — win-lose
4	Koalitionen	Imagewerbung	Gesichtsverlust
5	Entgleisung	Demaskierung	Gewaltandrohung — Emotionalisierung — lose-lose
6	Drohung	Abschreckungsmanöver	begrenzte Gewalt — Verlust bewusster Kontrolle und Steuerung — point of no return
7	Gewalt	Schädigen	totale Gewalt — offener Kampf
8	Vernichtung	Um-Sich-schlagen	

Abb. 5: Eskalationsstufen

The emergence and course of conflicts

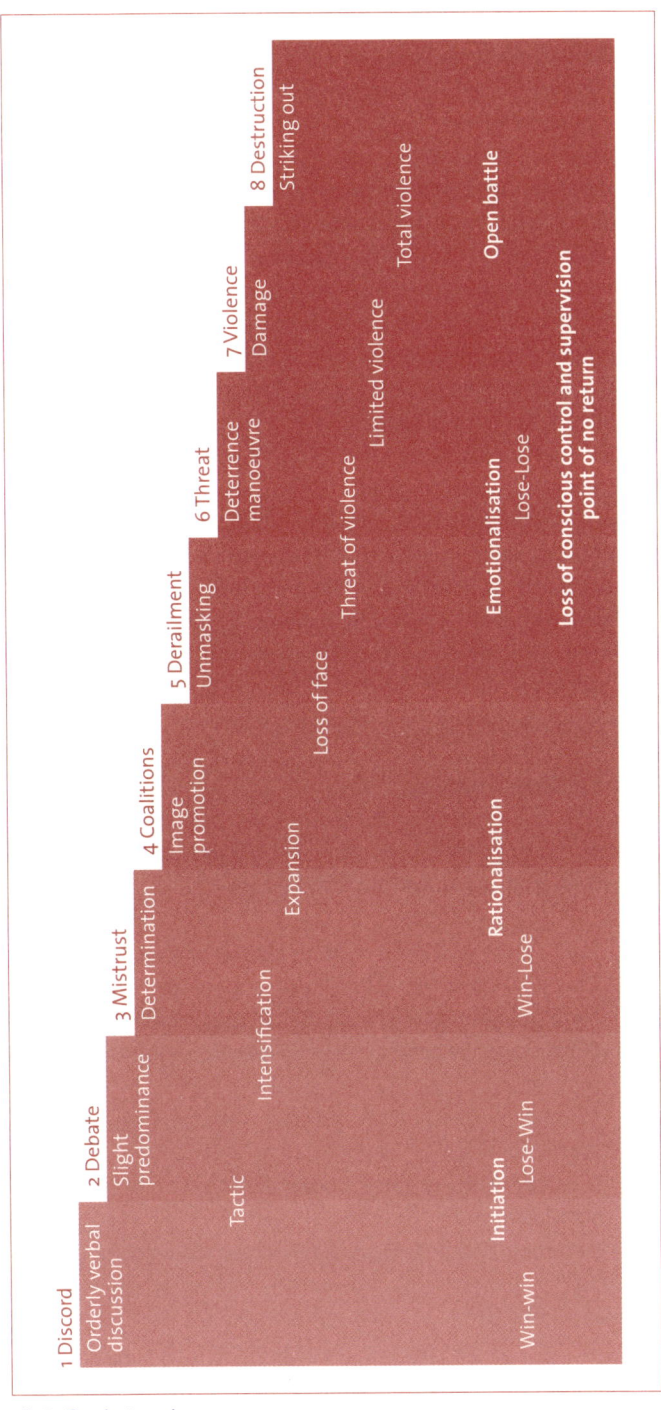

Phase	Action	Mode	Outcome
1 Discord	Orderly verbal discussion		Win-Win
2 Debate	Slight predominance	Tactic	
3 Mistrust	Determination	Intensification	**Initiation** — Lose-Win
4 Coalitions	Image promotion	Expansion	**Rationalisation** — Win-Lose
5 Derailment	Unmasking	Loss of face	
6 Threat	Deterrence manoeuvre	Threat of violence	**Emotionalisation** — Lose-Lose
7 Violence	Damage	Limited violence	**Loss of conscious control and supervision — point of no return**
8 Destruction	Striking out	Total violence	Open battle

Ill. 5: Escalation phases

Ganz zu Beginn, in der ersten Stufe der Missstimmung, besteht bei den Beteiligten noch eine Gewinner-Gewinner-Einstellung (win-win). In der zweiten Phase entwickelt sich innerlich eher eine Verlierer-Gewinner-Einstellung (lose-win). Das bedeutet, man befürchtet, dass man selbst verlieren und der andere gewinnen wird. Die meisten Konflikte beginnen in dieser Haltung, auch wenn das oft für den Partner nicht erkennbar ist. Meist wird diese Haltung jedoch ab der dritten Stufe (Misstrauen) zugunsten einer Gewinner-Verlierer-Haltung (win-lose) aufgegeben: Man geht in die Konkurrenz, setzt sich für die eigenen Ziele ein. Ab Phase sechs sind die Parteien in einer Verlierer-Verlierer-Haltung (lose-lose): Die Hoffnung auf Gewinne und der Blick auf Ziele gehen verloren; es geht nun darum, Verluste zu reduzieren und Schaden zu begrenzen.

Zwei weitere markante Stellen seien hier genannt:
- Erstens beim Übergang von Stufe vier zu fünf. Hier ist der Konflikt so komplex geworden und die Fähigkeit zur Realitätswahrnehmung so reduziert, dass die bewusste Kontrolle und Steuerung durch die Beteiligten nicht mehr möglich ist.
- Zweitens bei Stufe sechs: Spätestens ab hier ist eine Umkehr selten, die Konfliktdynamik hat sich verselbstständigt und kann in der Regel nur noch durch Machteingriffe von außen (z.B. Versetzung, Auflösung der Gruppe) begrenzt werden.

Phase 1: Missstimmung
- Hauptstrategie der geordneten verbalen Auseinandersetzung
- Schwelle zu Phase 2: vom offenem Gespräch, von Fairness und Regeleinhaltung zu Taktik und Polarisation.
- Kennzeichen:
  - Der Konflikt wird noch nicht als solcher wahrgenommen.
  - Gewinner-Gewinner-Einstellung, gemeinsame Ziele.
  - Erste Unstimmigkeiten und Meinungsunterschiede.
  - Einstmalige Unbefangenheit in der Kommunikation geht verloren.
  - Gesteigerte Sensibilität für das Verhalten des Konfliktpartners.
  - Durch die erhöhte Vorsicht wird die Kommunikation unvollständiger.
  - Hoffnung, durch ein Gespräch Lösungen zu finden.

Phase 2: Debatte
- Hauptstrategie der kleinen Überlegenheit
- Schwelle zu Phase 3: Angst vor Intensivierung und davor, dass der gemeinsame Boden verloren geht.

Right at the start in the initial phase of discord, the participants still have a win-win mentality. In the second phase, an internal mentality of a more lose-win nature develops. This means that the fear arises that oneself will lose and the other party will win. Most conflicts begin in this attitude, even though this is often not recognisable for the parties. However, this attitude is usually given up in favour of a win-lose attitude in the third phase of mistrust: The parties become competitive and assertive on behalf of their own objectives. From the sixth phase onward both parties are in a lose-lose attitude: The hope of winning and the focus on objectives are lost; the objective at that point is to reduce the loss and to limit the damage.

Two further distinctive points are indicated here:
- The first is in the transition from Phase Four to Phase Five. At this point, the conflict has become so complex and the capacity for recognising reality so reduced that conscious control and steering by the participants is no longer possible.
- The second is in Phase Six: At this late point, a reversal is rare because the conflict dynamics have become the reality and can usually only be restricted by an external intervention of power (for example transfer to another location, dissolution of the group).

Phase 1: Discord
- Main strategy of orderly verbal discussion.
- Threshold to Phase 2: From open discussion, fairness and compliance with rules to tactics and polarisation.
- Characteristics:
  - The conflict is not yet recognised as such.
  - Win-win attitude, mutual objectives.
  - First disagreements and differences of opinion.
  - Former impartiality in the communication is lost.
  - Increased sensitivity to the conduct of the conflict partner.
  - Communication becomes less complete due to increased caution.
  - Hope of finding a solution through discussion.

Phase 2: Debate
- Main strategy of slight predominance.
- Threshold to Phase 3: Fear of intensification and losing sight of the common aim.

- Kennzeichen:
  - Zunehmendes „Show-Business".
  - Vermehrter Einsatz von Taktiken; Verbergen eigener Absichten; Sichern kleiner Vorsprünge.
  - Ausdruck von Überlegenheit; dominierende, zurechtweisende und bestimmende Verhaltensweisen.
  - Gruppenzusammenhalt in der eigenen Partei steigt.
  - Angespanntes Klima, Unmutsäußerungen.
  - Eine pessimistische Grundhaltung (Verlierer-Gewinner / lose-win) entsteht.

Phase 3: Misstrauen
- Hauptstrategie der Entschlossenheit
- Schwelle zu Phase 4: von der Begrenzung auf die Ursprungsgruppe zur sozialen Ausweitung.
- Kennzeichen:
  - Gespräche werden zunehmend als nutzlos erlebt; Aufruf zu Taten; die andere Partei wird vor „vollendete Tatsachen" gestellt.
  - Verständnis und Dialogfähigkeiten sinken.
  - Gehäufte Fehlinterpretationen und Vieldeutigkeiten.
  - Die eigene Bereitschaft nachzugeben sinkt, gleichzeitig erwartet man aber genau dies vom anderen.
  - Der Gruppenzusammenhalt in der eigenen Partei steigt bis hin zum Konformitätsdruck (*„Wir sitzen in einem Boot"*).

Phase 4: Koalitionen
- Hauptstrategie der Imagewerbung
- Schwelle zu Phase 5: Sorge um das eigene Image; vor einem Gesichtsverlust wird noch zurückgeschreckt.
- Kennzeichen:
  - Beachtliche Kommunikationsbarrieren und Feindbilder haben sich aufgebaut.
  - Verstärkte „Win-lose"-Einstellung; es geht immer stärker um Gewinn und Verlust, Sieg und Niederlage.
  - Rigide, fanatische oder rücksichtslose Haltung der Konfliktparteien.
  - Schwarz-Weiß-Muster, verstärkte Machtspiele, Ausblenden von Zwischentönen.
  - Der Konflikt wird fast vollständig von der Sach- auf die Beziehungsebene verlagert.
  - Koalitionsbildungen, strategische Allianzen.

- Characteristics:
  - Increasing "show business".
  - Increased use of tactics; concealment of one's own intentions; safeguarding small advantages.
  - Expression of predominance; dominant, reprimanding and determinant behaviour.
  - Group solidarity on one's own side increases.
  - Strained climate, expressions of displeasure.
  - Pessimistic basic attitude (lose-win) emerges.

Phase 3: Mistrust
- **Main strategy** of determination.
- **Threshold** to Phase 4: From limitation to the original group to social expansion.
- Characteristics:
  - Discussions are increasingly regarded as useless; call for action; the other party is presented with 'faits accomplis'.
  - Understanding and the capacity for dialogue decrease.
  - Misinterpretations and ambiguities increase.
  - One's own willingness to back down decreases while precisely this is expected from the other party.
  - Group solidarity on one's own side increases to the point of pressure to conform ("We're all in the same boat").

Phase 4: Coalitions
- **Main strategy** of image promotion.
- **Threshold** to Phase 5: Worry about one's own image; one still cringes at the thought of losing face.
- Characteristics:
  - Significant communication barriers and enemy images have been erected.
  - Increased win-lose attitude; the issue increasingly becomes winning and losing, victory and defeat.
  - Rigid, fanatical or reckless postures of the conflict parties.
  - Black-white pattern, increased power struggles, tuning out of moderate tones.
  - The conflict is transferred almost completely from the topical level to the relationship level.
  - Formation of coalitions, strategic alliances.

Phase 5: Entgleisung
- **Hauptstrategie** der Demaskierung
- **Schwelle** zu Phase 6: von Gesichtsverlust zu Gewaltandrohungen.
- **Kennzeichen:**
  - Eher „zufällige" Demaskierung des anderen; Erkennen seines vermeintlich wahren Gesichts.
  - Bestreben, den eigenen Ruf zu rehabilitieren – ein „Gesicht haben und wahren".
  - Erstarrung von Prinzipien und Ideologien, Positionskämpfe.
  - Tiefgreifender Vertrauensbruch, ausschließliche Wahrnehmung der negativen Seiten des anderen.
  - Vermeiden von Kontakt oder sozialer Annäherung.
  - Das ursprüngliche Ziel ist aus dem Blick geraten; es geht in erster Linie um Gleichheit in der Schadenszufügung.
  - Irreversible Beziehungsschädigungen und steigende Gewaltbereitschaft.

Phase 6: Drohung
- **Hauptstrategie** der Abschreckungsmanöver
- **Schwelle** zu Phase 7: Gebrauch von Gewalt.
- **Kennzeichen:**
  - Stressniveau und Druck steigen sprunghaft, der Konflikt wird als echte Krise erlebt.
  - Die Auswirkungen der eigenen Handlungen werden immer unübersichtlicher.
  - Widersprüchliche, kaum noch realistisch zu beurteilende Entwicklungen.
  - Vergebliche Kontrollversuche, Strategie der Abschreckung, Einschüchterungsmanöver und Unbeugsamkeit.
  - Es findet kein offener Austausch mehr statt.
  - Desintegration innerhalb der eigenen Konfliktpartei; erste Zerfallserscheinungen und Bestrafung „Abtrünniger".

Phase 7: Gewalt
- **Hauptstrategie** des Unschädlich-Machens und Schädigens
- **Schwelle** zu Phase 8: von gezielter begrenzter zu totaler Vernichtung.
- **Kennzeichen:**
  - Vollständiges Misstrauen in die andere Partei.
  - Das eigene Überleben steht im Mittelpunkt; innere Abschottung.

Phase 5: Derailment
- Main strategy of unmasking.
- Threshold to Phase 6: From loss of face to threats of violence.
- Characteristics:
  - "Coincidental" unmasking of the other party; recognition of its apparent 'true face'.
  - Attempt to rehabilitate one's own reputation – to "have and maintain face".
  - Solidification of principles and ideologies, position struggles.
  - Deep-reaching breach of trust, perception solely of the negative sides of the other party.
  - Avoidance of contact or social harmonisation.
  - The original objective is lost from sight; the primary aim is equality in the infliction of damage.
  - Irreversible damage to relationships and increasing preparedness for violence.

Phase 6: Threat
- Main strategy of deterrence manoeuvre.
- Threshold to Phase 7: Use of violence.
- Characteristics:
  - The levels of stress and pressure increase dramatically and the conflict is viewed as a genuine crisis.
  - The effects of one's own actions become increasingly unclear.
  - Contradictory developments that can scarcely be evaluated realistically.
  - Futile attempts at control, strategy of deterrence, intimidation manoeuvres and inflexibility.
  - There is no further open exchange.
  - Disintegration within one's own conflict party; first indications of collapse and punishment of 'turncoats'.

Phase 7: Violence
- Main strategy of neutralisation and damage.
- Threshold to Phase 8: From targeted, limited destruction to total destruction.
- Characteristics:
  - Complete mistrust of the other party.
  - One's own survival is the main focus; internal isolation.
  - Only 'one-way' communication is conducted (one speaks in the form of statements and announcements).

- Es findet nur noch Einwegkommunikation statt (man spricht in Form von Statements und Bekundungen).
- Keine Verhandlungsbereitschaft.
- Verdinglichung und Verteuflung des Gegners, „Auge um Auge, Zahn um Zahn".
- Zerstörung und Zersplitterung von Systemen des Gegners, um ihn unschädlich zu machen.
- Angriff und Verleumdung der Hauptvertreter der Gegenpartei, um so den inneren Zusammenhalt der Partei zu untergraben.

Phase 8: Vernichtung
- Hauptstrategie des Um-sich-Schlagens.
- Kennzeichen:
  - Irrationales Um-sich-Schlagen.
  - Alle Mittel sind nun recht.
  - Der eigene Untergang wird in Kauf genommen, um den Gegner zu vernichten.
  - Flucht.

4 Konflikte als Chance

Konflikte als Chance begreifen? Das erscheint in der westlichen Kultur als unlogisch, als logischer Widerspruch. Wie kann etwas einen Sinn haben, eine Chance, wenn es negativ erlebt wird? Insbesondere im Management werden Konflikte als Belastung, als schnellstens abzustellender Reibungsverlust erlebt, der Produktivität verhindert und Kosten erhöht. Schnell verleitet das zu der Auffassung, dass Konflikte Führungs- oder Managementfehler sind.

Dieser Glaube führt immer zu einer Steigerung der Probleme und zu Realitätsverlust. Werden Konflikte nämlich nur als vermeidbares Unglück, als Panne gesehen, so bewirkt diese Haltung paradoxerweise ein Anwachsen von Konflikten.

Notwendig ist es, Pannen von Konflikten zu unterscheiden, da der Umgang damit ein völlig anderer sein sollte. Schwarz (1997, S. 13) weist darauf hin, „dass es besonders dort zu großen Problemen kommt, wo Pannen gepflegt und Konflikte vermieden werden."

Vermeiden Sie unnötige Konflikte (Pannen) und pflegen Sie nötige Konflikte als Chance.

- No willingness to negotiate.
- Reification and demonisation of the opponent; "An eye for an eye and a tooth for a tooth".
- Destruction and splintering of the opponent's systems for the purpose of neutralisation.
- Attack on and defamation of the main representative of the opposing party in order to subvert its solidarity.

Phase 8: Destruction
- Main strategy of striking out.
- Characteristics:
    - Irrational striking out.
    - All available means are justified.
    - One's own downfall is accepted in order to destroy the opponent.
    - Escape.

4 Conflicts as Opportunities

Regarding conflicts as opportunities? In western culture, this seems illogical, like a logical contradiction in terms. How can something that is experienced negatively be perceived as making sense or as an opportunity? Particularly in management settings, conflicts are seen as burdens and friction losses that hinder productivity and raise costs, and which are to be put aside as quickly as possible. This rapidly leads to the opinion that conflicts are leadership or management mistakes.

This belief always leads to an increase in problems and a distortion of reality. If conflicts as such are only seen as preventable bad luck, as breakdowns, then this view paradoxically promotes their emergence.

It is necessary to distinguish breakdowns from conflicts, since one should be handled in a completely different manner than the other. Schwarz (1997, p. 13) notes "... that large problems thrive particularly where breakdowns are handled and conflicts are avoided".

Avoid unnecessary conflicts (breakdowns) and treat necessary conflicts as opportunities.

4.1 Sich gegenüber Konflikten positiv positionieren

Da es ungünstig ist, Konflikte (um jeden Preis) vermeiden zu wollen, sollte man sich positiv auf sie einstellen, was am ehesten gelingt, wenn Sie sich den Nutzen von Konflikten vor Augen halten. Dies gilt nicht zuletzt auch für Veränderungsprozesse in Unternehmen, die oft mit Widerständen und Konflikten einhergehen – denn nur wenige Menschen reagieren spontan begeistert auf Veränderungen. Konflikte tauchen in Veränderungsprozessen also zwangsläufig auf und haben in den folgenden sich widersprechenden Dimensionen sinnvolle Funktionen:

Veränderungen garantieren vs. Bestehendes erhalten
Die Chance für Unternehmen ist es, durch Zulassen von Andersartigkeit die Flexibilität für Veränderungen zu behalten. Je mehr Kritik und Widerspruch die Organisation verträgt, desto flexibler ist sie für Anpassungsleistungen an die Umwelt und das Einleiten notwendiger Entwicklungen.

Andererseits sind Konflikte ein Hinweis auf die Notwendigkeit, die Homöostase – einen stabilen Zustand – zu erhalten. Zu rasche und zu viele Veränderungen führen zu Orientierungslosigkeit und Effektivitätsverlusten.

Unterschiede verdeutlichen vs. Gemeinsamkeit herstellen
Werden Unterschiede nicht besprochen und die damit einhergehenden Spannungen nicht konstruktiv bewältigt, kommt es in Arbeitsgruppen und Projektteams häufig zu Stillstand und Formalismus. Oft decken Konflikte derartige Unterschiede erst auf – zum Beispiel auch zuvor unbewusste kulturell bedingte Grundannahmen.

Menschliche Beziehungen sind nicht deshalb gut, weil sie reibungslos verlaufen, sondern weil die Partner Spannungen und Probleme gemeinsam bewältigt haben. Paradoxerweise führt das Aussprechen und Austragen von Widersprüchen und Unterschieden zu mehr Gemeinsamkeit. Durch mehr Kommunikation und Dialog wächst das gegenseitige Verständnis.

Für die Gestaltung von Veränderungsprozessen ist es von überlebenswichtiger Bedeutung, diese verschiedenen Widersprüche zu erkennen und zu integrieren. Veränderungsmanager identifizieren Ansatzpunkte für Konflikte in Veränderungsprozessen, vermeiden unnötige Pannen und entwickeln das notwendige Konfliktpotenzial.

4.1 Positively Positioning Oneself in the Face of Conflicts

Since it is unfavourable to seek (at all cost) to avoid conflicts, one should have a positive attitude towards them. This works best when you keep your focus on the benefits of conflicts. This additionally applies not least to processes of change within a company, which frequently go hand-in-hand with resistance and conflicts since not many people react spontaneously to changes with enthusiasm. Conflicts are therefore inherent to change processes and serve a useful purpose in the self-contradictory dimensions depicted in the following section:

Guaranteeing Changes vs. Retaining the Status Quo

The opportunity for companies lies in retaining the flexibility for changes by permitting differences. The more criticism and contradiction the organisation can bear, the more flexible it is for adaptive actions to the environment and the introduction of necessary developments.

On the other hand, conflicts are an indication of the necessity of retaining homeostasis – a stabile condition. Too many changes executed too quickly lead to a lack of orientation and losses in efficiency.

Clarifying Differences vs. Creating Commonality

Workgroups and project teams often fall into a state of standstill and formalism if differences are not discussed and their indigenous tensions are not dealt with constructively. It is often conflicts that initially reveal such differences, e.g. previously subconscious culturally-related basic assumptions as well.

Personal relationships are good not because they always run smoothly, but rather because the two partners have mastered tensions and problems together. Paradoxically, discussing and working through contradictions and differences leads to a higher degree of commonality. More communication and dialogue promotes the growth of greater mutual understanding.

It is essential to recognise and integrate these various contradictions in the design of change processes. Change managers identify starting points for conflicts in processes of change, avoid unnecessary breakdowns and develop the necessary conflict potential.

Beispielsweise geht es in komplexen Projekten darum, Projektmanager auszuwählen und zu schulen, die eine hohe Ambiguitätstoleranz besitzen, d.h. in der Lage sind, Spannungen und Widersprüche auszuhalten.

Wenn man den Nutzen eines Konflikts erkennt, erlangt man eine stärkere Metaperspektive und trägt damit zur Versachlichung und Objektivierung des Konflikts bei.

4.2 Blockaden überwinden

Blockaden entstehen oft dadurch, dass Menschen Konflikte erst sehr spät wahrnehmen, weil sie nur für deutliche, klare Signale empfänglich sind und weil für sie alles, was „zwischen den Zeilen" steht, nicht existiert. In vielen Fällen sind Konflikte jedoch nur durch die Ahnung, „dass da etwas nicht stimmt", oder ähnliche nicht begründbare Intuitionen erfassbar.

Intuition bedeutet, etwas zu wissen, ohne zu wissen, warum man es weiß.

Um eigene innere Blockaden zu überwinden, ist es daher wichtig, sich seiner Herangehensweise an Konflikte klar zu werden und seine Intuition zu schulen.

Die Intuition ist ein Bestandteil der so genannten „analogen" Herangehensweise an Konflikte. Im Fokus steht hier eine gefühlsmäßige, intuitive und ganzheitliche Erfassung von Unterschieden, Spannungen und Bedürfnissen. Gefordert sind dabei hauptsächlich emotionale Wahrnehmungsfähigkeiten (vgl. Goleman 2005, 2007), und zwar:

- Selbstwahrnehmung. Damit ist die Fähigkeit gemeint, die eigenen Emotionen zu erkennen und eigene Gefühle und Fähigkeiten realistisch einzuschätzen; außerdem gehören dazu auch Selbstvertrauen und Selbstwertgefühl.
- Soziale Wahrnehmung. Darunter fallen Begriffe wie Empathie, Einfühlungsvermögen, aber auch Verbundenheit, das Denken in sozialen Netzwerken sowie die Fähigkeit, die Wirkung eigener Verhaltensweisen abzuschätzen.

Menschen, die zu dieser analogen Herangehensweise an Konflikte neigen, haben das Ganze im Blick und ein „gutes Feeling" für die Dinge. Sie können ihre Meinung, ihr „Bauchgefühl" jedoch oft nicht mit Tatsachen, Fakten und konkreten Wahrnehmungen begründen.

Complex projects, for example, often require the selection and training of a project manager who has a high tolerance for ambiguity, i.e. someone who is capable of standing up under tensions and contradictions.

When one recognises the benefits of a conflict, he or she gains a stronger meta-perspective and contributes to its rationalisation and objectification.

4.2 Overcoming Blockages

Blockages often emerge as a result of people only recognising conflicts at a very late stage because they are only receptive to clear, unmistakable signals and are oblivious to anything that is "between the lines". In many cases, however, conflicts are only perceptible through a feeling that "something's not right" or similar unverifiable intuitions.

> *Intuition means knowing something without knowing why you know it.*

In order to overcome one's own internal blockages, it is therefore important to become aware of one's own approach to conflicts and to train one's own intuition.

Intuition is a component of the so-called "analogue" approach to conflicts. The focus here is on an emotional, intuitive and comprehensive registration of differences, tensions and needs. This requires above all emotional perception capabilities (cf. Goleman 2005, 2007) consisting of:

- Self-perception. This signifies the ability to recognise one's own emotions and to realistically assess one's own feelings and capabilities; this additionally includes self-confidence and self-esteem.
- Social perception. This includes terms like empathy and intuition, but also solidarity, thinking in social networks and the ability to assess the effect of one's own behaviour.

People who lean toward this analogue approach to conflicts have a good overview and a "good sense" of things. However, they are frequently unable to provide grounds for their opinion, their "gut feeling", with evidence, facts and firm perceptions.

In der westlichen Kultur wird häufig eine eher rationale, objektive, die so genannte „digitale" Herangehensweise an Konflikte bevorzugt. Hier steht die wissenschaftliche Analyse mit dem Einsatz von Checklisten, Diagnoseinstrumenten, Fragebögen und möglichst objektiven Beobachtungen im Vordergrund. Dieses Vorgehen hat in Wissenschaft und Technik eine wichtige Bedeutung und viele Vorteile. Menschen, die beim Umgang mit Konflikten in diese Richtung tendieren, können gut analysieren und strukturieren. Sie sehen jedoch manchmal „den Wald vor lauter Bäumen" nicht, vernachlässigen also übergreifende Sichtweisen wie Sinn, Prioritäten und Visionen.

Konflikte sind eben nicht immer rational erkennbar und analysierbar wie ein Motorschaden, den man von außen betrachten und nüchtern beheben kann. Bei einem Konflikt ist es immer auch von Bedeutung, wie Sie ihn wahrnehmen und bewerten, wie Sie die Lage einschätzen, wie und in welcher Funktion Sie sich einbringen wollen.

Insofern ist eine eine Kombination der beiden Zugangsweisen – analoger und digitaler – von Vorteil. Je nachdem, wozu Sie selbst neigen, ist es wichtig, den vernachlässigten Teil zu stärken:

Schulen Sie Ihre genaue Beobachtung (dazu sind die vielen Übersichten im Buch geeignet), wenn Sie eher intuitiv an die Dinge herangehen. Wenn Sie von Natur aus jedoch eher digital analysieren, sollten Sie Ihre Intuition stärken.

Übung zur Schulung Ihrer Intuition

Richten Sie in einem Gespräch Ihrer Wahl Ihre Aufmerksamkeit auf Ihre Gefühle, Intuitionen, Stimmungen (Selbstwahrnehmung) und/oder die Ihres Gesprächspartners (soziale Wahrnehmung). Folgende Fragen können Ihnen dabei helfen:
- *Wie geht es mir, wie fühle ich mich?*
- *Wozu fühle ich mich durch das, was mein Gesprächspartner mitteilt, angeregt oder aufgefordert? Welche Impulse löst er bei mir aus?*
- *Wie wird das Gespräch wohl enden?*
- *Was kommt neben dem, was mein Gesprächspartner in Worten mitteilt, bei mir an?*
- *Welche Stimmungen kommen bei mir an?*

A more rational, objective, so-called "digital" approach to conflicts is often preferred in western culture. This centres on scientific analysis with the application of checklists, diagnostic instruments, questionnaires and observations that are as objective as possible. In science and technology this approach is of great importance and benefit. People whose approach to conflicts tends to go in this direction are able to analyse and structure well. Sometimes however, they "can't see the forest for the trees", meaning they neglect comprehensive viewpoints such as sense, priorities and visions.

Conflicts are simply not always rationally perceptible and capable of analysis like a mechanical breakdown, which one can observe objectively and repair rationally. It is always important with a conflict how you perceive and assess it, how you appraise the situation and in which function you want to get involved.

As such, a combination of both the analogue and digital approaches is beneficial. Depending on your own tendencies, it is important to strengthen the more neglected approach:

Train your precise observation (the numerous overviews in the book are helpful to do this) if you tend to approach things more intuitively. If you naturally tend to analyse in a more digital manner, then you should reinforce your intuition.

Exercise for Training your Intuition

Direct your attention during a conversation of your choice to your feelings, intuitions, moods (self-perception) and/or that of your discussion partner (social perception). The following questions can help you in this process:
- *How am I? How do I feel?*
- *How do I feel in response to what my discussion partner is conveying, suggesting or requesting? What impulses does he/she trigger in me?*
- *How will the discussion end?*
- *What am I receiving in addition to what my discussion partner is communicating to me in words?*
- *What moods am I perceiving?*

4.3 Widerstand in Veränderungsprozessen konstruktiv steuern

Der Begriff Widerstand wird oft als Synonym für Konflikt gebraucht. Widerstand tritt insbesondere in Veränderungsprozessen häufig auf (siehe Doppler & Lauterburg 2005). Wenn etwas anders werden soll, reagieren wir Menschen biologisch/physiologisch wie Tiere – Neues, Ungewohntes wird darauf geprüft, ob es uns nützt oder schadet, ob es eine Bedrohung unserer Gewohnheiten ist.

Wenige Menschen reagieren spontan begeistert auf Veränderungen. Mit Veränderungen konfrontiert, stellen sie sich in der Regel (spontan und unbewusst oder überlegt und bewusst) folgende Fragen (nach Doppler & Lauterburg 2005):

- Wozu das Ganze? Was ist das Ziel? Was sind die Konsequenzen? Liegt alles auf dem Tisch oder gibt es verborgene Absichten?
- Kann ich das? Bin ich dem gewachsen? Werde ich erfolgreich sein?
- Will ich das? Was bringt es mir? Welche Risiken gibt es?

Widerstand ist oft eine Etikettierung für ein vielschichtiges Phänomen. Wir „widerstehen" Dingen, die uns nicht passen, die uns fremd oder unangenehm sind. Drei Hauptquellen für Widerstand seien hier genannt: Fremdheit, Bedrohung und Druck.

Widerstandsquelle Fremdheit

Das Neue passt nicht zum Gewohnten – ist also schlichtweg fremd. Wenn man etwas nicht begreifen oder verstehen kann, nicht anknüpfen kann an schon Bekanntes, löst dies bei den meisten Menschen Angstgefühle aus. Nur wer noch keine negativen Erfahrungen gemacht hat, reagiert mit Neugierde – wir sprechen dann von einem offenen Charakter oder von Unbedarftheit, Naivität.

Widerstandsquelle Bedrohung

Das Neue ist unangenehm oder bedrohlich. Das ist dann der Fall, wenn eine der oben genannten Fragen negativ beantwortet wird oder wenn wesentliche Bedürfnisse nicht erfüllt oder bedroht sind. Letzteres ist dann der Fall, wenn bei der sachgerechten Verhandlung (vgl. Kap. 6.2) oder der gewaltfreien Kommunikation (vgl. Kap. 8.7) von Interessen oder von hinter Positionen verborgenen Bedürfnissen gesprochen wird. Denn hinter bekundeten Konfliktpositionen verbirgt sich oft ein nicht so offen ausgesprochenes Bedürfnis. In Anlehnung an die Maslow'sche Bedürfnispyramide liegen hinter Begründungen wie *„Ich habe keine Zeit"* oft bedrohte Bedürfnisse, wie z.B.

4.3 Constructively Directing Resistance in Processes of Change

The term 'resistance' is often used as a synonym for 'conflict'. Resistance commonly appears in change processes (see Doppler & Lauterburg 2005). When something is supposed to change, we humans react biologically/physiologically like animals – what is new and unaccustomed is examined to establish whether it benefits or harms us and whether it is a threat to our habits.

Not many people spontaneously react with enthusiasm to changes. Confronted with changes, we generally ask ourselves the following questions, either spontaneously and unconsciously or consciously and after contemplation (according to Doppler & Lauterburg 2005):

- What's all this good for? What's the point? What are the consequences? Are all the 'cards on the table' or are there ulterior motives?
- Can I do this? Am I up to this? Will I be successful?
- Do I want this? What do I get out of it? What are the risks?

Resistance is frequently a label for a multi-faceted phenomenon. We "resist" things that we do not like, that are foreign to us or that are unpleasant. Three main sources of resistance are specified here: unfamiliarity, threat and pressure.

Source of Resistance: Unfamiliarity

The new does not fit with the accustomed – it is simply strange. When there is something we cannot comprehend, understand or associate with something else that we already know, in most cases we experience feelings of fear. Only someone who has not yet had any negative experiences reacts with curiosity – we then speak of an open character, or of simplicity or naiveté.

Source of Resistance: Threat

The new is unpleasant or threatening. This is the case when one of the above-mentioned questions is answered negatively or when essential needs are unfulfilled or threatened. The latter is then the case if appropriate negotiations (cf. Chapter 6.2) or non-violent communication (cf. Chapter 8.7) include a discussion of interests or of needs concealed behind the veil of positions. This is because professed conflict positions often conceal a need that is not announced so openly. According to Maslow's needs pyramid, there are often threatened needs which are hidden behind expressed reasons such as *"I don't have any time",* for example:

- das Bedürfnis nach Sicherheit („... *dass alles in bekannten Bahnen verläuft"*),
- soziale Bedürfnisse (*„Ich bin gar nicht ausreichend informiert"* oder *„die anderen machen das auch so"*),
- das Bedürfnis nach Statuserhaltung (*„ich bin hier der Chef – was mischt der Newcomer sich da ein?"*) oder
- das Bedürfnis nach Selbstverwirklichung (*„Wo bleibt da mein Spielraum, meine Kreativität?"*).

Widerstandsquelle Druck
Eine weitere Hauptursache für Widerstand gegen Veränderungen liegt darin, die Homöostase, also das Gleichgewicht zu erhalten. Ob in Projekten, Verhandlungen, Zielgesprächen etc. – wenn Partei A versucht, Partei B zu drängen, zu überreden oder gar über den Tisch zu ziehen, wird Partei B instinktiv erst mal dagegen halten. Menschen haben ein starkes Gespür für die Wahrung der eigenen Grenzen und Standpunkte und reagieren mit Schutzreaktionen, wenn sie nicht ausreichend informiert und einbezogen sind oder das Gefühl haben, sie müssten „ihr Gesicht bewahren". Der Konflikt ist dann vorprogrammiert.

Merke: Druck erzeugt Gegendruck.

Wie genau Menschen ihren Widerstand zeigen, hängt nicht nur von den äußeren Impulsen ab, sondern auch von persönlichen Neigungen, ihrer Offenheit, ihrem Angstlevel. Auf Fremdheit, Bedrohung oder Druck reagieren Menschen in der Regel mit Rückzug, Angst, Verwirrung oder Aggression.

5 Konfliktprävention

Konfliktmanagement bedeutet, nach dem frühzeitigen Erkennen sich anbahnender Konflikte unnötige Konflikte zu vermeiden, bevor es um die konstruktive Bewältigung entstandener oder möglicherweise auch das Verstärken und Hervorrufen fruchtbarer Konflikte geht. Geeignet sind hierzu
- persönliche Maßnahmen wie die Einnahme einer Gewinnerhaltung und die Sorge für persönliche Stabilität,
- kommunikative Maßnahmen wie das Klären von Rollen, die Beziehungspflege, das Verständnis und die Reflektion von Gruppendynamiken und -prozessen sowie
- das Erkennen struktureller Spannungsfelder und Logiken und
- Maßnahmen zur Pflege der Unternehmenskultur.

- the need for security (*"... that everything runs in a familiar way"*),
- social needs (*"I'm not at all sufficiently informed"* or *"The others also do it like that."*),
- the need to maintain one's status (*"I'm the boss here – why's the newcomer sticking his nose in?"*) or
- the need for self-realisation (*"How about my leeway, my creativity, in all of this?"*).

Source of Resistance: Pressure

A further main cause of resistance against changes lies in maintaining the homeostasis, or the balance. Regardless of whether it is in projects, negotiations, discussions about objectives etc. – if Party A tries to pressure, persuade or put something over on Party B, Party B's first reaction will instinctively be to resist. People have a strong intuition for the preservation of their own borders and standpoints, and they will react protectively when they are not sufficiently informed and included or when they have the feeling that they must "save face". Conflict is pre-programmed in such a case.

Note: Pressure creates counter-pressure.

Just how people demonstrate their resistance depends not only on the external impulses, but also on their personal tendencies, openness and their level of fear. People generally react to unfamiliarity, threat or pressure with retreat, fear, confusion or aggression.

5 Conflict Prevention

'Conflict Management' means avoiding unnecessary conflicts after recognising their early signs before the focus turns to constructively handling existing conflicts or perhaps even encouraging and inducing beneficial conflicts. Fitting steps for this are:
- personal measures such as the adoption of a winning posture and ensuring personal stability,
- communicative measures such as the clarification of roles, relationship management, understanding and contemplating group dynamics and processes, as well as
- recognising structural tension fields and logics and
- measures for the management of the company culture.

Konfliktprävention

5.1 Eine Gewinnerhaltung einnehmen

Im Folgenden geht es um Muster in Einstellungen, Verhaltensweisen und daraus resultierende Lösungsstrategien, wie sie in verschiedenen Situationen Sinn machen. Man spricht hier auch von Konfliktstilen.

Selbstanalyse

Bevor die Konfliktstile erläutert werden, erhalten Sie die Gelegenheit, sie für sich selbst zu überprüfen (siehe Checkliste unten). Natürlich können Sie die Liste theoretisch auf verschiedene Weisen ausfüllen: Sie können danach gehen, wie Sie gerne wären (soziale Erwünschtheit), oder danach, wie Sie sich tatsächlich verhalten. Die soziale Erwünschtheit wurde hier nicht ausgefiltert, Sie können sich also selbst täuschen. Aber was haben Sie davon? Wenn Sie nicht sicher sind, ob Sie sich selbst richtig einschätzen, können Sie auch einen Kollegen, ihren Partner, ihren Vorgesetzten, einen Mitarbeiter oder Kunden bitten, sie in Bezug auf Ihre Person auszufüllen. Oft erhält man in der Fremdwahrnehmung ein ehrlicheres und realistischeres Bild seiner selbst.

Die Checkliste ist ganz einfach zu handhaben: Wenn Sie einer Aussage zustimmen, kreuzen Sie den davor stehenden Buchstaben an. Zählen Sie anschließend die Punkte, die Sie je Buchstabe erreicht haben, zusammen. Anhand der Darstellung der grundlegenden Verhaltensstrategien bei Konflikten in Abbildung 6 können Sie dann einordnen, zu welchem Konfliktstil Sie tendieren.

✓ **Checkliste: Überprüfung der eigenen Konfliktstile**

A *Konflikte stören das Arbeitsklima und müssen deshalb auf jeden Fall vermieden werden.*

D *Am besten ist es, nach Lösungen zu suchen, die allgemein anerkannten Regeln entsprechen.*

A *Solange alle Beteiligten sachlich bleiben, können Konflikte nicht auftreten.*

D *Um Konflikte zu lösen, braucht man Verbündete oder Koalitionen.*

C *Für eine gute Zusammenarbeit ist es wichtig, die eigenen Ziele auch mal zurückzustellen.*

E *Verbesserungen im Unternehmen sind oft nur dann haltbar, wenn die dahinter liegenden Konflikte bewältigt wurden.*

D *Wenn schon Konflikte aufgetreten sind, gibt es oft keine ideale Lösung. Meist geht es um Schadensbegrenzung.*

5.1 Adopting a Winning Attitude

The following section focuses on attitudes and behavioural patterns and the resulting solution strategies as they make sense in different situations. In this regard one speaks about conflict styles.

Self-analysis

Prior to the discussion of conflict styles, you have the opportunity to examine them for yourself (see checklist below). You can of course theoretically fill in the list in different ways: You can proceed based on how you would like to be (social desirability) or according to how you actually behave. Social desirability is not filtered out in such a case because you can still fool yourself. But what do you get from that? If you are not sure whether you can accurately appraise yourself, you can also ask a co-worker, your partner, your supervisor, an employee or a customer to fill in the form in regard to yourself. Often someone's perception can provide a more honest and realistic picture of oneself.

The checklist is very easy to use: If you agree with a statement, then tick off the letter that precedes it. When you are finished, total up the points that you have obtained for each letter. You can then classify your preferred conflict style on the basis of the fundamental behavioural strategies depicted in Illustration 6.

Checklist: Examining of One's Own Conflict Styles ✓

A Conflicts disrupt the working climate and must therefore be avoided at all costs.

D It is best to look for solutions that correspond with the generally acknowledged regulations.

A Conflicts cannot emerge as long as all the participants remain objective and businesslike.

D One needs allies or coalitions in order to resolve conflicts.

C It is important for good collaborative work to put one's own objectives on the back-burner once in a while.

E Improvements in the company are frequently only sustainable if their underlying conflicts have been settled.

D Once conflicts have emerged, there often is no ideal solution. The issue then is usually damage limitation.

Konfliktprävention

C Das Wichtigste ist es, ein freundliches, harmonisches Klima zu bewahren.

B Konflikte sind deshalb gut, weil sich meist die Besseren durchsetzen.

E Konflikte kann man nur lösen, indem man nach Lösungen sucht, die zum einen sachlich gut und zum anderen für den Konfliktpartner akzeptabel sind.

C Bei Konflikten geht es darum, den Partner zu verstehen.

D In Konfliktsituationen geht es darum, ab und zu zu geben und Kompromisse zu schließen.

C Zentral für die Konfliktlösung ist es, das Gute im anderen zu sehen und auf eigene Interessen verzichten zu können.

E Im Konfliktfall ist es das Beste, wenn sich alle Beteiligten an einen Tisch setzen und offen Informationen austauschen.

E Ohne Konflikte sind Veränderungen im Unternehmen nicht möglich.

B In einem Konflikt nachzugeben, zeugt von Schwäche.

D Wenn zwischen Kollegen Gegensätze auftauchen, sollte man am besten die Sache einer dritten Partei zur Schlichtung vorlegen.

B Bei Konflikten ist es entscheidend, sich eine gute Strategie zu überlegen, um den Gegner von der richtigen Sicht zu überzeugen.

A Menschen sind nun einmal unterschiedlich. Deshalb fährt man am besten nach dem Motto „Leben und leben lassen".

E Konflikte sind fruchtbar, weil sie die Vielfalt unterschiedlicher Meinungen zutage bringen.

B In Konflikten braucht man gutes Stehvermögen und gute rhetorische Fähigkeiten.

B Durch gutes Verhandlungsgeschick kann man häufig wenigstens einen Teil der eigenen Position behalten.

A Wenn in einer Abteilung ständig Konflikte auftauchen, sollte man den Leiter austauschen.

C Langfristige Konfliktlösung ist nur möglich, indem man ein Klima gegenseitiger Unterstützung fördert.

A Bei Konflikten hält man sich am besten raus. Mit ein bisschen Geduld erledigt sich das Meiste sowieso von alleine.

Conflict Prevention

- C The most important thing is maintaining a friendly, harmonious climate.
- B Conflicts are a good thing because the better of the conflict parties usually comes out on top.
- E One can only resolve conflicts by looking for solutions which are both good for the topic of dispute and also acceptable for the conflict partner.
- C The key to conflicts is understanding the partner.
- D The key in conflict situations is to occasionally back down and accept compromises.
- C It is central for conflict resolution to see the good in the opposing party and to be able let go of one's own interests.
- E In the event of a conflict, it is best for all of the participants to sit together at a table and openly exchange information.
- E Changes in a company are not possible without conflicts.
- B Backing down in a conflict demonstrates weakness.
- D When opposing views emerge between co-workers, it is best to put the matter into the hands of a mediating third party.
- B It is decisive in conflicts to come up with a good strategy in order to persuade the opponent of the right viewpoint.
- A People are simply different. That's why it's better to follow the motto "Live and let live".
- E Conflicts are productive because they bring to light the diversity of different opinions.
- B In conflicts, one needs a good deal of stamina and good rhetorical abilities.
- B With good negotiating skills, it is frequently possible to retain at least a portion of one's own position.
- A If in a particular department conflicts arise constantly, then the manager should be replaced.
- C Long-term conflict resolution is only possible if one promotes a climate of mutual support.
- A It's best to stay out of conflicts. With a little patience, things usually resolve themselves.

Auswertung der Selbstanalyse

Der Auswertung Ihrer Selbstanalyse sei Folgendes vorweggeschickt: Auf der psychologischen Ebene hat jeder Mensch sich selbst und den anderen bzw. der Welt gegenüber Lebens- und Werteinstellungen (Ernst 1971), die sich von Geburt an aufgrund von Erfahrungen entwickeln und zunächst nicht von außen beobachtbar, sondern nur innerlich spürbar sind. Soweit jedoch Gefühle, Gedanken und Verhalten eine Einheit bilden, kann man – zumindest teilweise – aus den Handlungsweisen eines Menschen Rückschlüsse auf seine Einstellung ziehen.

Aus diesen inneren Einstellungen bzw. Grundhaltungen sich selbst und anderen gegenüber lassen sich für die Analyse des eigenen Konfliktstils zwei grundlegende Dimensionen ableiten:
- Ich bin okay: Orientierung an eigenen Zielen (*„ich gewinne"*)
- Du bist okay: Orientierung an der Beziehung (*„du gewinnst"*)

Aus der Kombination dieser beiden Dimensionen ergeben sich wiederum fünf grundlegende Konfliktstile, die als Handlungsstrategien wirken (vgl. Abb. 6).

```
         Orientierung an
         der Beziehung
         (Du bist okay)
         ▲
         │
         │
  C. Nachgeben/Unterwerfen     │   E. Integrieren/Konsens
  Verlierer-Gewinner (–/+)     │   Gewinner-Gewinner (+/+)
         ─────────────────────────────────────────
                    D. Feilschen/Kompromiss
                         Nicht-Gewinner
         ─────────────────────────────────────────
  Verlierer-Verlierer (–/–)    │   Gewinner-Verlierer (+/–)
  A. Vermeiden/Fliehen         │   B. Konkurrieren/Vernichten
                               │
                               │   Orientierung an eigenen Zielen
                               │              (ich bin okay)
                               └─────────────────────────────────▶
```

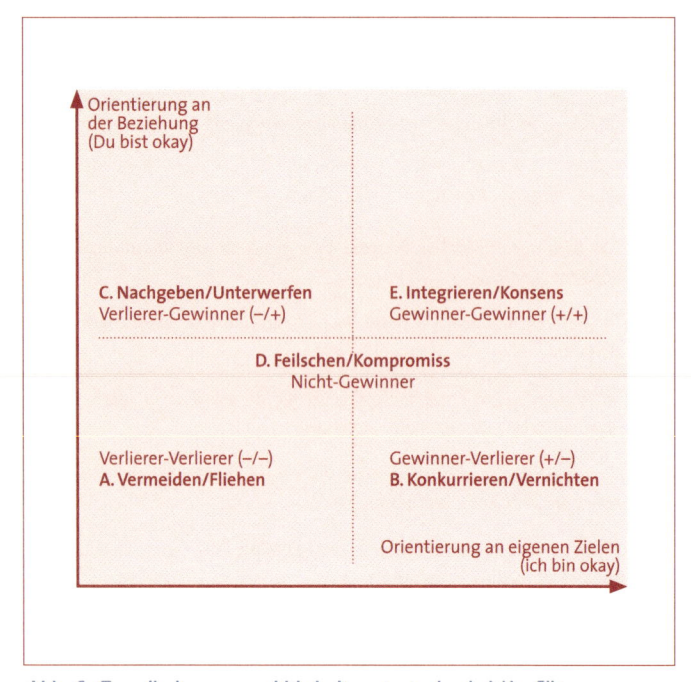

Abb. 6: Grundhaltungen und Verhaltensstrategien bei Konflikten

Auf der Grundlage dieser Matrix können Sie nun das Ergebnis Ihrer Selbstanalyse deuten:

Evaluation of Your Self-Analysis

One thing should be noted prior to evaluating your self-analysis: At the psychological level, everyone has attitudes regarding life and values in regard to themselves, to others and the world (Ernst 1971) that have developed from birth based on their experiences, attitudes which initially cannot be observed externally, but are instead only perceptible internally. However, to the extent that feelings, thoughts and behaviour can form a single entity, and based on a person's conduct, one can at least partially draw conclusions regarding someone's mentality.

For the analysis of one's own conflict styles, two fundamental dimensions can be derived from these internal attitudes or basic postures:

- I'm OK: Orientation on one's own objectives (*"I win"*)
- You're OK: Orientation on the relationship (*"You win."*)

The combination of these two dimensions in turn yields five fundamental conflict styles that have an effect as action strategies (cf. Ill. 6).

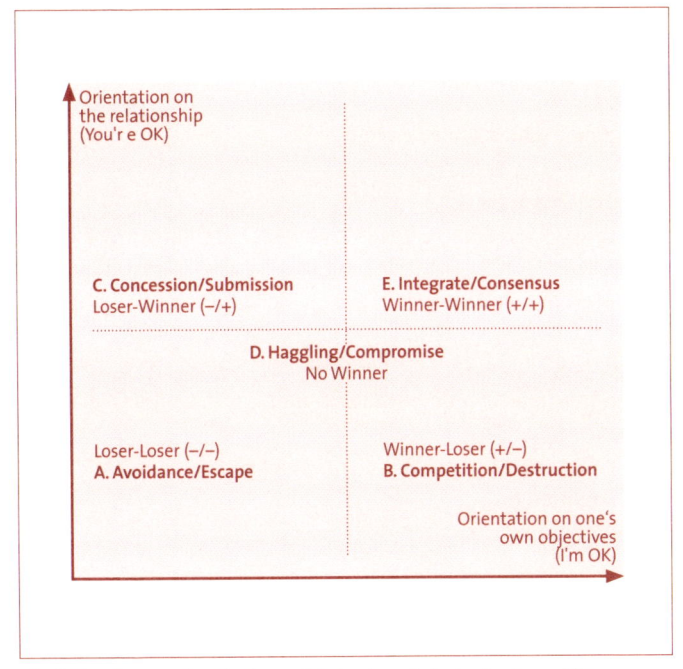

Ill. 6: Fundamental attitudes and behavioural strategies in conflicts

You can now interpret the results of your self-analysis on the basis of this matrix:

Verlierer-Verlierer (A)
Wenn Sie überwiegend A angekreuzt haben, dominieren bei Ihnen die Verlierer-Verlierer-Einstellung und die daraus resultierenden Strategien des Vermeidens. Diese Einstellung ist eine Fluchtstrategie, die meist nicht zur Lösung der Probleme führt. Sie kann jedoch günstig sein, wenn
- klar ist, dass in der gegenwärtigen Situation nichts erreicht werden kann.
- weitere Informationen oder andere Ressourcen beschafft werden müssen.
- der Konfliktgegenstand sehr unwichtig ist.
- sich eine spannungsgeladene, gefühlsbesetzte Situation erst wieder abkühlen muss, bevor eine Lösung und Klärung möglich ist.

Gewinner-Verlierer (B)
Wenn Sie überwiegend B angekreuzt haben, dominieren bei Ihnen die Gewinner-Verlierer-Einstellung und die daraus resultierenden Strategien des Konkurrierens. Diese Einstellung ist in der Regel konfliktverschärfend. Sie ist jedoch günstig, wenn
- Zeitdruck besteht und entschiedenes Handeln äußerst bedeutsam ist.
- die Gegenseite über Leichen geht und ein Gegenhalten zum eigenen Schutz unbedingt nötig ist.

Verlierer-Gewinner (C)
Wenn Sie überwiegend C angekreuzt haben, dominieren bei Ihnen die Verlierer-Gewinner-Einstellung und die daraus resultierenden Strategien des Nachgebens. Diese Einstellung ist günstig, wenn
- der Konfliktgegenstand unwichtig, unbedeutend ist.
- Sie überzeugt sind, dass der Gesprächspartner die Sache nach Verstreichen einer gewissen Zeit anders sehen wird (schlechtes Gewissen o.Ä.).
- ein Notfall vorliegt, der durch Nachgeben in den Griff zu bekommen ist.
- vorher immer die andere Seite nachgegeben hat.

Nicht-Gewinner (D)
Wenn Sie überwiegend D angekreuzt haben, dominieren bei Ihnen die Einstellung „Nicht-Gewinner" und die daraus resultierenden Strategien von Kompromiss und Feilschen. Diese Einstellung ist günstig, wenn

Conflict Prevention

Loser-loser (A)
If you have predominantly ticked off A, then the loser-loser mentality dominates and is accompanied by the resulting strategy of avoidance. This attitude is an escape strategy that generally does not lead to the resolution of the problem. This can however be favourable if
- it is clear that nothing can be achieved in the current situation.
- further information or other resources must be acquired.
- the topic of conflict is of little importance.
- a tension-laden, highly emotional situation must first cool down before resolution and clarification are possible.

Winner-loser (B)
If you have predominantly ticked off B, then the winner-loser mentality dominates and is accompanied by the resulting strategy of competition. This attitude generally heightens conflicts. This is however favourable if
- there is time pressure, and decisive action is extremely important.
- the opposing side will stop at nothing, and resistance is absolutely necessary for one's own protection.

Loser-winner (C)
If you have predominantly ticked off C, then the loser-winner mentality dominates and is accompanied by the resulting strategy of concession. This attitude is favourable if
- the topic of conflict is unimportant and insignificant.
- you are convinced that the discussion partner will see the issue in a different light after a period of time (guilty conscience, etc.).
- there is an emergency that can be dealt with by giving in.
- the opposing side has always backed down previously.

No winner (D)
If you have predominantly ticked off D, then the mentality of "no winner" dominates and is accompanied by the resulting strategy of compromise and haggling. This attitude is favourable if

- die Positionen stark polarisiert sind und ein Fortschritt erzielt werden muss.
- die Gegenseite nicht kooperationsbereit ist.
- Zeitmangel herrscht.
- strukturell kein Interessensausgleich mit Zugewinn möglich ist.

Gewinner-Gewinner (E)
Wenn Sie überwiegend E angekreuzt haben, dominieren bei Ihnen die Gewinner-Gewinner-Einstellung und die daraus resultierenden Strategien des Kooperierens. Diese Einstellung ist anzustreben und meistens günstig, insbesondere wenn
- anschließend alle Beteiligten hinter dem Ergebnis stehen müssen.
- es sich um langfristige Beziehungen handelt, die eine stabile Konfliktlösung erfordern.
- Ressourcen ideal genutzt werden sollen.
- die Art des Konflikts einen Konsens erforderlich macht.
- genügend Zeit vorhanden ist.

Wichtig für die Konfliktlösung ist es, Haltung und Strategie zu unterscheiden.

Generell ist zu empfehlen, eine Gewinner-Gewinner-Haltung anzustreben.

Je nach Situation kann jedoch auch eine weitere Strategie sinnvoll sein. So wird z.B. berichtet, dass Araber oftmals einen äußerst intensiven Service erwarten, der aus deutscher Perspektive als Diktat erlebt wird, das Unterwerfen erfordert. Für das Verhandlungsergebnis ist es dann oft entscheidend, passende Signale zu senden, ohne innerlich eine Verlierer-Gewinner- oder Gewinner-Verlierer-Haltung einzunehmen.

5.2 Persönliche Stabilität gewinnen

Um persönliche Stabilität zu gewinnen, ist es wichtig, dass Sie sich Ihrer selbst „bewusst" werden. Denn dieses Bewusstsein über sich ist es, was Selbstbewusstsein ausmacht. Und das wiederum ist die Voraussetzung für Selbstsicherheit. Mit Selbstsicherheit ist die innere Ruhe und Gelassenheit gemeint, die auf einer ausbalancierten, zufriedenen Persönlichkeit beruht und nach außen ausstrahlt.

- the positions are heavily polarised and progress must be achieved.
- the opposing side is not prepared to cooperate.
- there is a lack of sufficient time.
- if no reconciliation of interests with gains is structurally possible.

Winner-winner (E)
If you have predominantly ticked off E, then the winner-winner mentality dominates and is accompanied by the resulting strategy of cooperation. This attitude is desirable and generally favourable, particularly if
- all of the participants have to support the result in the end.
- the scenario is comprised of long-term relationships where reliable conflict resolution is required.
- resources are to utilised ideally.
- the nature of the conflict requires consensus.
- there is sufficient time available.

For the resolution of a conflict it is important to distinguish between posture and strategy.

> *It is generally advisable to seek a winner-winner posture.*

Depending on the situation however, an additional strategy can also make sense. For example, it has been reported that Arab negotiators frequently expect extremely intensive service that is interpreted from a German perspective as dictating submission. It is often important then for the negotiation result to transmit adaquate signals without internally adopting a loser-winner or winner-loser posture.

5.2 Obtaining Personal Stability

In order to obtain personal stability, it is important that you become "conscious" of yourself, because it is this consciousness of oneself that is the key to self-confidence. This in turn is a prerequisite for self-assuredness, i.e. the inner calm and composure upon which a balanced, contented personality is based and which radiates outwardly.

Eine solche Ruhe und Ausgewogenheit kann man sich nicht von jetzt auf gleich antrainieren. Ist sie lediglich reine Selbstbeherrschung nach außen, kommt es über kurz oder lang entweder zum Ausbruch oder zum „In-sich-hinein-fressen", bei dem der „Ausbruch" dann durch quälende Gedanken („*Hätte ich doch nur ...*"), Unwohlsein oder gar Krankheit erfolgt. Diese Strategie der Beherrschung wird in der Psychologie auch „schwarze Rabattmarkensammlung" genannt: Wir sammeln Ärgerpunkte, bis *„es reicht"*, bis der berühmte *„Tropfen das Fass überlaufen lässt"* etc. In der Regel ist das ein Teufelskreislauf, denn wer solch dramatische Ausbrüche befürchtet, beherrscht sich, und wer sich nur beherrscht, explodiert irgendwann, will sich dann noch mehr beherrschen etc.

> *Wer sich selbst akzeptiert, an sich arbeitet und authentisch auftritt, braucht Konflikte weniger zu befürchten bzw. bewältigt sie schneller.*

Um Selbstsicherheit und Selbstbewusstsein zu erreichen, ist es wichtig, über das eigene Schicksal, die eigene Bestimmung und die eigenen Ziele nachzudenken. Erst wenn man sich darüber Klarheit verschafft hat, können Methoden, Techniken oder Übungen zur Erlangung dieser inneren Mitte der Selbstsicherheit wirklich greifen.

Eine Möglichkeit zur Erlangung von Selbstsicherheit besteht darin, sich durch mentales Training (Eberspächer 2008, Kießling-Sonntag 2006) auf Erfolge zu programmieren. So lernen z.B. alle guten Sportler, indem sie sich innerlich auf den bestmöglichen Verlauf polen. Viele Menschen tun das jedoch nicht, sondern programmieren ihr Unterbewusstsein durch Ängste vor Misserfolgen.

Mentales Training

Beim mentalen Training geht es darum, sich seine Erfolge realistisch und mit allen Sinnen vorzustellen. Es ist wichtig, sich ganz in das Bild hinein zu begeben und zu hören, zu schmecken, zu sehen, zu fühlen und zu riechen, was in der imaginierten Situation von Belang ist.

Es geht dabei darum, dem erreichten Ziel intensiv nachzuspüren und selbst ins Bild zu treten – nicht darum, sich wie im Kino etwas anzuschauen. Wichtig ist die emotionale Bedeutung. Fragen Sie sich dabei nicht, was sich im normalen Rahmen hält, was vernünftig ist, sondern: *„Was will ich wirklich?"* Diese Art von Visualisieren kann auch als Vorbereitung für schwierige Situationen, z.B. ein Konfliktgespräch genutzt werden.

Conflict Prevention

Such calm and balance cannot be learned overnight. If it only consists of outward self-control, then sooner or later it will result in an outburst or a bottling up of feelings in which the "outburst" takes place in the form of nagging thoughts (*"If only I had ..."*), unease or even illness. In psychological circles, such control is known as *"black coupon collection"*: We collect points of irritation until *"That's it!"*, the infamous *"... straw that broke the camel's back"* etc. is reached. This is customarily a vicious circle, because people who fear such dramatic outbursts control themselves and people who control themselves explode at some point, wanting to control themselves better, ad infinitum.

> *People who accept themselves, work on themselves and make an authentic impression have less cause to fear conflicts or can master them more quickly.*

To obtain self-assuredness and self-confidence, it is important to spend some time contemplating one's own fate, purpose and goals. Only when clarity about such things has been obtained can methods, techniques or exercises for the attainment of a centred sense of self-assurance be genuinely effective.

One possibility for acquiring self-assuredness consists of programming oneself for success through mental training (Eberspächer 2008, Kießling-Sonntag 2006). For example, all good athletes learn this by focusing internally on the best possible performance. However, many people fail to do this and instead programme their subconscious with fears of failure.

Mental Training

The aim of mental training is to imagine personal success in realistic terms with all of one's senses. It is important to submerge oneself in this image and to hear, taste, see, feel and smell those things that are essential to the imaginary situation.

The point is to perceive the attained objective and to enter into the image – not to watch something as if you were in the cinema. The emotional significance is important. Don't ask yourself how things would normally go or what is reasonable, but instead *"What do I really want?"* This type of visualisation can also be used for difficult situations, for instance a conflict discussion.

Eine weitere Möglichkeit, das eigene Selbstbewusstsein und die Selbstsicherheit durch mentales Training zu stärken, ist es, sich auf seine Stärken als die wichtigsten Ressourcen zu konzentrieren.

5.3 Rollen klären

Konflikte entstehen oft dadurch, dass verschiedene Rollen zu inneren Konflikten führen und dann – weil sie nicht klar kommuniziert werden können – soziale Konflikte verursachen. Rollen werden dabei verstanden als die Summe eigener und fremder Erwartungen an eine bestimmte soziale Funktion. Schmid (1994) teilt diese Erwartungen in drei Rollenwelten ein, die das Verhalten und die Identität steuern.

Professionswelt
... professionelle Identität als ...
... Ingenieur, Kaufmann, Personalentwickler ...

Organisationswelt
... organisatorische Identität als ...
... Abteilungsleiter, Mitarbeiterin, Betriebsrat ...

Selbst

Private Welt
... persönliche Identität als ...
... Freund, Vater, Mutter, Sohn, Bekannte ...

Abb. 7: Drei Rollenwelten

Ein Rollenkonflikt zwischen der privaten und der beruflichen Welt liegt beispielsweise vor, wenn der Meister gleichzeitig der beste Freund des Mitarbeiters ist, dem er eine Abmahnung erteilen muss.

Aber auch zwischen der professionellen und der Organisationswelt gibt es vielfältiges Konfliktpotenzial. Brüche zwischen Professions- und Organisationswelt sind immer wieder dann zu beobachten, wenn sich die Rollenerwartungen der Umwelt ändern, nämlich beim Übergang von Studierenden oder Lehrlingen zu Fachkräften, von Fachkräften zu Führungskräften oder von der unteren Führungskraft zur oberen Führungskraft.

> Another possibility for increasing one's own self-confidence and self-assuredness through mental training is to concentrate on one's strengths as the most important resources.

5.3 Clarifying Roles

Conflicts often result from different roles leading to internal conflicts which, because they cannot be clearly communicated, then cause social conflicts. Roles in this regard are understood as the sum of one's own expectations and those of others on a specific social function. Schmid (1994) divides these expectations into three role worlds which guide one's behaviour and identity.

Ill. 7: Three role worlds

An example of a role conflict between private and professional worlds would be for instance if an employee's best friend is also his supervisor who has to reprimand him about something.

But there is also diverse and significant potential for conflict between the professional world and the organisational world. One can repeatedly observe cracks between the professional and organisational world when the role expectations of the environment in question change, i.e. in the transition from student or apprentice to skilled worker, from skilled worker to management personnel or from lower level management to upper management.

Menschen geraten in Organisationen gerade auch dann in Konflikt, wenn nicht so sehr persönliche, sondern Rollenthemen Konfliktanlass sind. Zu Konflikten kommt es dann,
- wenn Rollen unklar sind und nicht kommuniziert wurden.
- wenn jemand mehrere Rollen innehat, die sich teilweise widersprechen, z.B. wenn jemand gleichzeitig Führungskraft und Vertrauensmann ist (so genannte Interrollenkonflikte).
- wenn unterschiedliche Erwartungen an oder Ansichten über die Ziele, die Rolle an sich oder das Ausfüllen der Rolle bestehen (so genannte Intrarollenkonflikte). Das beste Beispiel dafür sind „Sandwich"-Führungskräfte, die zwischen Mitarbeitererwartungen und Unternehmenserwartungen eingespannt sind.
- wenn die Rolle sich verändert.

Um Rollenkonflikten vorzubeugen, ist es wichtig, die eigene Rolle zu klären, z.B. anhand folgender Fragen:
- Welche verschiedenen Rollen habe ich inne?
- Wie lebe ich diese verschiedenen Rollen? Welche Rollen sind Wunschdenken, welche entsprechen der Realität?
- Was ist meine wichtigste Rolle? Welche Rollen formen meine Identität?
- Aus welcher Leitrolle heraus werde ich handeln?
- Wie kommuniziere ich Rollen nach außen?
- Was sind neue Rollen? In welchen Rollen bin ich noch nicht zu Hause?
- Zwischen welchen Rollen gibt es Konflikte?
- Welche Stärken habe ich in welchen Rollen und wie kann ich diese breit nutzen?
- Wie kann ich mir selbst helfen, von einer Rolle in die andere zu kommen? Welche Ressourcen nehme ich mit?

5.4 Beziehungen pflegen

Wenn „es nicht stimmt" in der Beziehung zwischen zwei Personen, sind dafür Gegensätzlichkeiten oder Gemeinsamkeiten sowie Antipathie oder Sympathie weniger bedeutsam, als das landläufig angenommen wird. Eine diesbezüglich sehr interessante Feststellung hat Gottman (2006) gemacht, der in Paaranalysen feststellte, dass wichtiger als die Unterschiede an sich die Art und Weise ist, wie diese Paare damit umgehen. Seine „sieben Geheimnisse der glücklichen Ehe" lassen sich auch unmittelbar auf Arbeitsbeziehungen (Zweierbeziehungen oder Teams) übertragen.

In der Kernaussage seines Buches nennt Gottman „vier apokalyptische Reiter", nämlich „Kritik, Verachtung, Rechtfertigung und

In organisations, people also come into conflict when role-related topics rather than personal issues are the basis of the dispute, resulting then in conflicts
- when roles are unclear and are not communicated.
- when one has a number of roles, some of which contradict each other, for example, if someone is simultaneously a manager and shop steward (so-called 'inter-role conflicts').
- when there are different expectations or views regarding objectives, the role itself or how the role should be fulfilled (so-called 'intra-role conflicts'). The best example of this is depicted by "sandwich" executives who are wedged between employee expectations and company expectations.
- when the role changes.

In order to prevent role conflicts, it is important to clarify one's own role, on the basis of the following questions, for example:
- Which different roles do I occupy?
- How do I live out these different roles? Which roles are wishful thinking and which correspond with reality?
- What is my most important role? Which roles form my identity?
- Which leading role will dictate my actions?
- How do I outwardly communicate my roles?
- What are my new roles? Which roles am I not yet 'at home' in?
- Which roles conflict?
- Which strengths do I have in which roles and how can I use them broadly?
- How can I help myself to move from one role into the other? Which resources do I take with me?

5.4 Relationship Management

When "things just don't click" in the relationship between two persons, it has less to do with contractions or commonalities, antipathy or sympathy than is commonly assumed. One very interesting finding in this regard made by Gottman (2006) in the analysis of couples is that what is more important than the differences themselves is actually how the couples deal with those differences. His "Seven Secrets to a Happy Marriage" can also be directly applied to professional relationships (of two or more persons).

In the core assertion of his book, Gottman cites the "Four Horsemen of the Apocalypse" as "criticism, defensiveness, contempt and stonewalling" which lead to lasting damage in a relationship and

Mauern", die dauerhaft zur Schädigung einer Beziehung führen und die nur durch den mehrfachen proaktiven Einsatz positiver Botschaften wieder ausgeglichen werden können. Diese Möglichkeiten der Beziehungspflege kann man übersetzt auf den Unternehmenskontext die „sieben Geheimnisse der Beziehungspflege" nennen:

Die sieben Geheimnisse der Beziehungspflege

1. Sich über die Gepflogenheiten, Gewohnheiten, Bedürfnisse des anderen informieren.
2. Den anderen bewusst anerkennen und wertschätzen.
3. Aufeinander zugehen, statt sich voneinander abzuwenden.
4. Sich vom anderen beeinflussen lassen, statt stur zu bleiben.
5. Probleme aktiv lösen.
6. Pattsituationen überwinden.
7. Einen gemeinsamen Sinn, ein übergreifendes Ziel schaffen.

5.5 Gruppendynamik verstehen

Die ideale Größe einer Gruppe liegt bei etwa fünf bis acht, maximal zwölf Personen. Hier sind bei gut funktionierenden Gruppen die positiven Effekte wie Fehlervermeidung, gegenseitige Ergänzung, stabile Kosten-Nutzen-Relation (Zeitaufwand im Vergleich zum Ergebnis), Identifikation mit erreichten Ergebnissen etc. am höchsten.

Die Anzahl der Beziehungen steigt mit jedem Mitglied, und mit ihr auch die Komplexität der Gruppe.

So besteht bei zwei Personen eine Beziehung, bei drei Personen bestehen schon drei Beziehungen, bei vieren sechs, bei fünfen zehn, bei sechsen 15, bei sieben 21 etc.

Im Mittelpunkt von Gruppenkonflikten stehen deshalb die in der Gruppendynamik wohlbekannten Abhängigkeits- und Gruppenentwicklungskonflikte. Dabei werden vier bis fünf Phasen der Teamentwicklung unterschieden. Die bekannteste Unterscheidung stammt von Tuckmann & Jensen (1977): Forming, Storming, Norming und Performing (ergänzt durch die fünfte Phase „Adjourning", was soviel bedeutet wie Auflösung und Trauern). Ein weiteres bekanntes Modell stammt von Bion (1968), der sich auf die Entwicklung vom Individuum zur Gruppe bezieht (Abhängigkeit, Gegenabhängigkeit, Paarbildung, Arbeitsgruppe).

which can only be equalised by the repeated, proactive application of positive messages. Applied to a corporate context, these relationship management possibilities can be called the "Seven Secrets of Relationship Management":

> **The Seven Secrets of Relationship Management**
>
> 1. Inform yourself about the habits, customs and needs of the other person.
> 2. Consciously acknowledge and appreciate the other person.
> 3. Move toward one another instead of turning away from each other.
> 4. Allow yourself to be influenced by the other person instead of being stubborn.
> 5. Actively resolve problems.
> 6. Overcome impasses.
> 7. Create a mutual purpose, an overall objective.

5.5 Understanding Group Dynamics

The ideal size for a group is something around five to eight persons up to a maximum of twelve persons. This is the size in which well-functioning groups best achieve positive effects such as error prevention, mutual supplementation, a stable cost-benefit relation (time required in comparison with result), identification with achieved results, etc.

> *The number of relationships increases with each member of the group, and subsequently also the complexity of the group.*

As such, there is one relationship between two people, two relationships between three people, six between four people, ten between five people, 15 between six, 21 between seven, and so on.

Therefore, widely recognised dependency and group development conflicts occupy centre-stage in the topic of group conflicts. Four to five phases of team development are distinguished in this regard. The most well-known differentiation stems from Tuckmann & Jensen (1977): Forming, Storming, Norming and Performing (supplemented by the fifth phase, "Adjourning", which essentially means dissolution and grieving). Another model comes from Bion (1968), which is related to the development from an individual to a group (dependency, counter-dependency, couple formation, workgroup).

Konfliktprävention

Um Konflikten in Teams vorzubeugen und eine effektive Zusammenarbeit zu gewährleisten, sollte ein regelmäßiger Teamcheck zur Überprüfung des Teamklimas, der Zusammenarbeit und der effektiven Rollenverteilung durchgeführt werden. Dabei ist es hilfreich, harte und weiche Faktoren zu beachten, die für ein gut funktionierendes Team wesentlich sind:

Faktoren für das Funktionieren eines Teams

Harte Teamfaktoren
- Kennen alle die Ziele und identifizieren sie sich damit?
- Wird das Team zur Selbstständigkeit geführt?
- Werden effiziente Planungs-, Steuerungs- und Besprechungs-Tools eingesetzt?
- Gibt es eine stimmige Aufgabenverteilung und klare Regelungen für Abweichungen?
- Sind Entscheidungskompetenzen eindeutig vereinbart?
- Sind die Funktion und Bedeutung der Teamarbeit im Unternehmen verankert?

Weiche Teamfaktoren
- Teilen die Mitglieder eine faszinierende Vision?
- Wird offen informiert und kommuniziert?
- Gibt es Metakommunikation und gegenseitiges persönliches und Prozessfeedback?
- Werden Konflikte und Probleme offen angesprochen?
- Gilt das Motto *„einer für alle, alle für einen"*?
- Besteht ein kooperativer, motivierender Wettbewerbsgeist?

5.6 Prozesse reflektieren

Zentral für die Prävention von Konflikten in Gruppen und Teams ist die Fähigkeit zur Reflexion über Prozesse. Wer über sich selbst und sein Funktionieren nachdenken kann, kann Muster leichter verändern und ist lernfähiger. Einen Anhaltspunkt zum Nachdenken über die Prozesse in einem Team bietet die folgende Checkliste. Sie kann als Prozesssteuerungsinstrument genutzt werden.

Checkliste: Prozesskompetenz

- *Fühlen sich die Mitglieder in diesem Team frei, die eigene Meinung vorzubringen?*
- *Hören die anderen aufmerksam zu, wenn einer spricht?*
- *Haben hier alle die für das Thema wichtigen Informationen?*
- *Sind alle Mitglieder gleichermaßen engagiert?*
- *Kommt aus den Gesprächen etwas Konstruktives heraus?*

Conflict Prevention

In order to prevent conflicts in teams and to ensure effective collaboration, a team check examining the team climate, the work together and effective role allocation should be conducted on a regular basis. It is helpful in this regard to observe hard and soft factors that are important for a well-functioning team:

Factors for a Well-Functioning Team

Hard team factors
- Do you know all the objectives and do you identify with them?
- Is the team being guided toward becoming self-sufficient?
- Are efficient planning, guidance and discussion tools implemented?
- Is there a coherent allocation of responsibilities and clear regulations for deviations?
- Are decision-making responsibilities clearly agreed?
- Are the function and importance of the team's work anchored in the company?

Soft team factors
- Do the members share a fascinating vision?
- Are communication and the supply of information open?
- Is there meta-communication and mutual personal and process feedback?
- Are conflicts and problems addressed openly?
- Does the motto "One for all and all for one" apply?
- Is there a cooperative, motivating spirit of competition?

5.6 Reflecting on Processes

The ability to reflect on processes is central to the prevention of conflicts in groups and teams. People who are able to reflect on themselves and how they function are better able to change patterns and are more capable or learning. The following checklist provides a reference point for the reflection on the processes within a team. It can be used as a process control instrument.

Checklist: Process Competence

- *Do the members of the team feel free to express their own opinions?*
- *Do the others listen attentively when a member speaks?*
- *Does everyone here have all the information that is important for the topic at hand?*
- *Are all of the members equally committed?*

- *Werden Beiträge erst einmal positiv gewürdigt, bevor konstruktive Kritik geübt wird?*
- *Werden inhaltliche Differenzen offen ausgetragen?*
- *Fühlen sich alle von allen akzeptiert?*
- *Geben sich die Mitglieder offenes Feedback, sodass jeder weiß, was die anderen von ihm halten?*
- *Werden auch persönliche Spannungen offen angesprochen?*
- *Sprechen die Mitglieder des Teams oft darüber, was gut und was weniger gut läuft?*
- *Können gegensätzliche Auffassungen und Verhaltensweisen zugelassen werden?*
- *Stehen alle dahinter, wenn etwas beschlossen wurde?*
- *Besteht regelmäßig die Möglichkeit zu einer Prozessreflexion über die oben genannten Themen und natürlich auch über „harte Faktoren"?*
- *Wird aus Fehlern gelernt?*

5.7 Strukturelle Spannungsfelder ausbalancieren

Im Spannungsfeld Mensch und Organisation treten im Laufe der Unternehmensentwicklung folgende wiederkehrende Konfliktmuster auf, die als strukturelle Unterschiede bzw. Gegensätze beschrieben werden können:

Gruppe – Gruppe
Gruppen sind in sich geschlossene Systeme, die miteinander konkurrieren. Jeder Abteilungsegoismus hat zunächst scheinbar seinen Sinn, denn er fördert die Leistungserbringung in der Abteilung. Insbesondere im Projektmanagement und in der Ausrichtung auf den Kunden besteht jedoch die Herausforderung darin, die Kooperation zwischen den Abteilungen zu fördern. Hierbei geht es darum, den Tunnelblick der eigenen Ziele und Interessen um die Perspektive für das Ganze zu erweitern.

Zentrale – Dezentrale
In Großunternehmen versucht man oft, den Gegensätzen zwischen der Zentrale und der notwendigen Dezentralisierung durch eine Matrixorganisation zu begegnen, in der dann eine Vernetzung zwischen einer generalisierten Länder- bzw. Kundenverantwortung und gleichzeitiger Spezialisierung auf Funktionsbereiche, Produktgruppen etc. stattfindet. Doch auch hier kommt es durch die steigende Zahl der Schnittstellen zu einem erhöhten Konfliktpotenzial.

- *Do discussions yield constructive results?*
- *Are contributions acknowledged positively before being criticised?*
- *Are content-related differences worked through openly?*
- *Do all the members feel accepted by all the others?*
- *Do the members give each other open feedback so that everyone knows what the others think of them?*
- *Are personal tensions also addressed openly?*
- *Do the team members frequently discuss what is going well and what is not?*
- *Are opposing viewpoints and behavioural patterns permitted?*
- *When something is decided, do all the members stand behind it?*
- *Is there an opportunity on a regular basis for process reflection on the above-mentioned topics and of course on "hard factors"?*
- *Are mistakes learned from?*

5.7 Balancing Structural Tension Fields

In the course of a company's development, the following conflict patterns repeatedly emerge in the 'Person-Organisation' tension field and can be described as structural differences or opposites:

Group – group

Groups are self-contained systems that compete with one another. Department pride initially makes apparent sense because it promotes good performance within the department. However, particularly in project management and in customer orientation, the challenge consists of cooperation between departments. The key here is to expand from the tunnel vision focused on one's own objectives and interests to include a view of the big picture.

Centralised – decentralised

In large corporations, the attempt is often made to counter the contradictions between centralisation and necessary decentralisation by means of a matrix organisation in which there is a linkage between the generalised responsibility toward countries or customers and a simultaneous specialisation in areas of operation, product groups etc. But even in such cases, the increasing number of interfaces also increases the potential for conflict.

Projekt – Linie

Wenn in einem Unternehmen mit starker Linienorganisation eine projektorientierte Struktur eingeführt wird, in der Prozesse vom Kunden her definiert und die entsprechenden Funktionen untergeordnet werden, stoßen die Interessen der Funktionsträger auf die Prozessinteressen. Typische Konflikte zwischen Projekt und Linie beschreibt Tumuscheit (2007) in Form von folgenden Projektfallen:

Typische Konfliktfelder in Projekten

- Der Optimismuskonflikt: je ehrgeiziger ein Projekt, desto blauäugiger die Beteiligten
- Die Entscheidungsarthrose: Vertrödeln an oberster Stelle, keiner ist erreichbar
- Der Tyrannosaurus-Effekt: Topmanager wollen eine Extrawurst
- Der Sozialkompetenzkonflikt: der Störfaktor „Mensch" bringt sachorientierte Projektingenieure ins Schwimmen
- Die Parkplatzfalle: die Linie „parkt" unbequeme oder inkompetente Mitarbeiter im Projekt
- Der Fachexpertenkonflikt: der Projektleiter kann alles besser
- Der Quertreiberkonflikt: Linienfürsten treiben quer, da das Tagesgeschäft Priorität hat
- Der Werkzeugkonflikt: es werden teure Tools gekauft statt Probleme gelöst
- Sinnlose Sitzungen: „Ober sticht Unter"
- Die Ressourcenfalle: Projektauftrag ohne Ressourcen

Mitarbeiter – Unternehmen

Innerhalb der Rollenerwartungen von Vorgesetzten und Mitarbeitern entsteht oft ein typischer Konflikt zwischen Abhängigkeit und Selbstständigkeit: Der Vorgesetzte erwartet, dass die Mitarbeiter selbstständig, aber nach Vorschrift arbeiten. Die Mitarbeiter wiederum erwarten, dass der Chef ihnen Spielräume lässt, aber auch klare Orientierung bietet. Führungskräfte als Mitglieder beider Gruppen stehen vor diesem Hintergrund in dem ständigen Konflikt, Interessen der Menschen und der Organisation ausgleichen zu müssen.

Die Lösung dieses Spannungsfeldes kann weder durch einseitige Obrigkeitshörigkeit noch durch absolute Loyalität gegenüber den Mitarbeitern gelöst werden. Führungskräfte, die den Gegensatz zwischen Mitarbeiterbedürfnissen und Erfordernissen der Organisation ausbalancieren können, müssen sich nach Schwarz (1997) zum „Doppelverräter" machen können.

Project – line

In a company with a heavy emphasis on line organisation, the interests of the responsible functionaries collide with the process interests when a project-orientated structure is introduced in which processes are customer-defined and the corresponding functions are subordinated. Tumuscheit (2007) describes typical conflicts between project and line in the form of the following project pitfalls:

Typical Conflict Fields in Projects

- The optimism conflict: the more ambitious a project, the more naive its participants
- Decision arthrosis: time-wasting at the highest level, no one can be reached
- The tyrannosaurus effect: top managers want fringe benefits
- The social skills conflict: the "human" disruptive factor undermines the effectiveness of topically-orientated project engineers
- The parking lot trap: the line "parks" difficult or incompetent employees in the project
- The expert conflict: the project manager is a know-it-all
- The obstructionist conflict: line top players obstruct progress because their priority is the day-to-day business
- The tools conflict: expensive tools are procured instead of problems being solved
- Pointless meetings: the leader excessively overrules those under him/her
- The resources trap: project assignment with no resources allocated

Employees – company

A typical conflict between dependency and independence frequently arises within the role expectations of supervisors and employees: The supervisor expects the employee to work independently but in line with the regulations. In turn, employees expect the boss to leave them leeway but also to provide clear orientation. As members of both groups and against this backdrop, management personnel are in a constant conflict of having to juggle the interests of the people and the organisation in a balanced fashion.

The resolution to this tension field cannot be accomplished either through one-sided affiliation with the authoritative segment of the company or by absolute loyalty to the employees. According to Schwarz (1997), management personnel capable of balancing the contrast between employee needs and company requirements must have the ability to be a kind of "double agent".

Beziehungen visualisieren

Es gibt verschiedene Möglichkeiten, Beziehungs- und Konfliktstrukturen in einem Team sichtbar zu machen, z.B.:

Beziehungsdiagramme
Jedes Teammitglied malt auf einem Blatt Papier auf, wie es sich im Kontakt mit den anderen Mitgliedern sieht. Nähe und Distanz können durch Entfernungen ausgedrückt werden; die Qualität der Beziehungen lässt sich durch Pfeile (dicke, dünne, Einweg, Blitze ...) darstellen. Diese Diagramme sind der Einstieg in ein Konfliktlösungsgespräch zwischen jeweils zwei Personen. Man kann auch die Gruppe bitten, gemeinsam so ein Diagramm zu zeichnen. Wenn die Gruppe offen ist, können dadurch Konfliktlinien deutlich werden.

Bilder
Jedes Teammitglied malt sein Bild vom Team. Anschließend werden die Bilder wie in einer Galerie aufgehängt und durch die anderen Teammitglieder befragt. Voraussetzung hierfür sind verbindliche Teamspielregeln von Wertschätzung und konstruktiver Kritik.

Aufstellungen
In der Aufstellungsarbeit werden Personen so zueinander aufgestellt, dass entweder die Organisation oder die organisationsbezogene Fragestellung repräsentiert wird. Man kann entweder die tatsächlich Betroffenen oder aber Stellvertreter im Raum positionieren. Die zentrale Frage dabei ist: Wie entsteht das, was jemand als Bild vom Team in sich trägt, in der äußeren Welt?

Bei der Aufstellung mit den tatsächlich Betroffenen kann es sein, dass Abhängigkeiten und aktuelle Beziehungen u.U. hemmend wirken. Die Teammitglieder können sich oft nicht so frei äußern, wie die Stellvertreter es könnten. Dennoch können Nähe, Distanz, Koalitionen, Führung und Beziehungsstrukturen sichtbar werden. Es zählen hier weniger die einzelnen Äußerungen als viel mehr der Gesamteindruck und die zugrunde liegende Dynamik. Der Gewinn dieser Methode liegt meist nicht in der optimalen Sofortlösung, sondern in einem Perspektivwechsel und gegenseitigem Einblick und Verständnis.

Visualising Relationships

There are different possibilities for making relationships and conflict structures in a team visible, for example:

Relationships diagrams
Each team member illustrates on a piece of paper how they see themselves in contact with the other members. Affinity and estrangement can be expressed in distance; the quality of the relationships can be depicted by arrows (thick, thin, one-way, lightning bolts ...). These diagrams represent the entry into a conflict resolution discussion between two persons in each case. One can also request that the group draw such a diagram together. If the group is open, this can highlight conflict lines.

Pictures
Each team member draws their own picture of the team. The pictures are then hung in a gallery and questioned by the other team members. This requires binding team rules of appreciation and constructive criticism.

Line-ups
In line-up work, persons are positioned in relation to each other so that either the organisation or the organisation-related problem is represented. One can position either the actual person in question or their representative in the room. In this process, the central question is: How does the image of the team that someone carries within them appear in the external world?

If the line-up includes the actual person in question, it is possible that dependencies and current relationships might have an obstructive effect in some circumstances. The team members often cannot express themselves as freely as the representatives could. Nevertheless, proximity, distance, coalitions, leadership and relationship structures can be made visible. The individual statements count less than the overall impression and the underlying dynamics. The benefit of this method is usually found less in the form of an ideal immediate solution; instead it provides a change of perspective and mutual insight and understanding.

Informelle – formale Strukturen
Dysfunktionale formale Strukturen (Aufbau- und Ablauforganisation) werden oft kompensiert durch informelle Strukturen. Dabei besteht die Gefahr, dass diese im Sinne einer gewohnheitsmäßigen Kultur relativ beharrlich sind und bedeutend weniger leicht verändert werden können als die formellen.

Sozialstruktur – Technik
Im Zuge von Veränderungsprozessen werden in der Regel erst die Strukturen (z.B. EDV) verändert und dann die Rollen und Funktionen.

Bei all diesen strukturellen Konflikten geht es darum, nicht die eine oder andere Seite auszuschalten. Wenn notwendige Konflikte nicht mehr ausgetragen werden können, kommt es zu unterschwelligen Konflikten und oft auch zu Stillstand und Ineffizienz. Strukturelle Präventionsbeiträge zur Verhinderung destruktiver Konflikte liegen in zwei Bereichen:
- Die Schaffung einer guten Arbeitsorganisation mit geklärten Verantwortlichkeiten und klaren Zuständigkeiten, die zu Förderung, Motivation, konstruktiven Auseinandersetzungen und Entwicklung führt.
- Eine kreative Arbeitsgestaltung, die abwechslungsreich und ansprechend ist und die Mitarbeiter einbezieht und in angemessenem Maße fordert.

5.8 Systemlogiken begreifen

Weil das menschliche naturgegebene Grundverständnis sich nur bis zur Gruppe erstreckt, werden auf Systeme oft persönliche Logiken übertragen. Buchinger (1997) spricht hier davon, dass die Systemlogik der Organisation in Konflikt tritt mit der systemimmanenten Logik der Familie (vgl. Übersicht auf der folgenden Seite). Besonders deutlich wird das durch den so genannten „Doppelmitgliedschaftskonflikt" (Schwarz 1997) von Führungskräften, der darin besteht, dass diese durch Über- und Unterordnung sowohl der Gruppe der Mitarbeiter als auch der Gruppe der Vorgesetzten angehören.

> *Für die Konfliktprävention in Organisationen ist es daher hilfreich, wenn die Prozessinhaber organisatorische Abläufe reflektieren und so die organisatorische Selbstreflexion gefördert wird.*

Informal – formal structures
Dysfunctional formal structures (structural and process organisation) are often compensated for by informal structures. This harbours the danger that, as defined by an accustomed culture, such informal structures are relatively persistent and significantly more difficult to change than formal structures.

Social structure – technique
In the wake of change processes, generally the structures (for example, data processing) are changed first and then the roles and functions.

In all of these structural conflicts, the key is to avoid shutting out one side or the other. When necessary conflicts can no longer be aired, then underlying conflicts emerge, frequently accompanied by standstill and inefficiency. Structural preventative contributions to avoiding destructive conflicts are available in two areas:

- The creation of a good work organisation with clarified responsibilities and duties which leads to encouragement, motivation, constructive conflicts and development.
- A creative arrangement of the work that is diversified and appealing, and which includes and challenges the employees to the appropriate degree.

5.8 Understanding System Logics

Because natural human basic understanding only extends to the group, personal logics are frequently also transferred to systems. Buchinger (1997) addresses this in stating that the system logic of the organisation conflicts with the innate system logic of the family (cf. overview on the following page). This is made abundantly clear through the so-called "double membership conflict" (Schwarz 1997) of management personnel, embodied in the fact that they are both authoritative and simultaneously subordinate, since they belong to both the employees and the group of supervisors.

> *It is therefore an aid to conflict prevention in organisations when those responsible for determining processes reflect on organisational sequences, thereby encouraging organisational self-reflection.*

Damit ist die Fähigkeit gemeint, in Strukturen und Prozessen organisatorischer Art zu denken und nicht nur in persönlichen und Beziehungskategorien. Organisatorische Selbstreflexion ermöglicht eine Balance zwischen Involvement und Distanz und führt zur Entwicklung von Organisationsbewusstsein.

Systemlogiken

Logik des Systems „Organisation"	Logik des Systems „Familie"
• An Aufgaben und Funktionen orientiert	• An Personen und Beziehungen orientiert
• Wechsel; Personen sind austauschbar	• Funktionen sind austauschbar, Personen nicht
• Sekundäre Kommunikation; der Kontakt dient der Sachaufgabe	• Primäre Kommunikation; der Kontakt ist Sinn in sich
• Indirekte Kommunikation über Dritte oder Sachmittel, ohne persönlichen Kontakt	• Direkte Kommunikation: face to face
• Berechenbare Zeitvorstellungen	• Nicht eindeutig berechenbare Eigenzeit
• Die Gruppe ist vernetzt und offen nach außen	• Die Gruppe ist geschlossen nach außen

5.9 Unternehmenskultur pflegen

Nicht nur strukturelle, sondern auch kulturelle Bedingungen sind häufig zentrale Ansatzpunkte für die Konfliktprävention. Oft steht zu Beginn die Analyse der Kultur, die dann die Entwicklung gezielter Interventionen je nach Bedarf ermöglicht (vgl. Pullig 2000).

> *Insbesondere Führungskräften kommt eine zentrale Rolle bei der Schaffung und Pflege der Unternehmenskultur zu.*

Die Mechanismen und Dynamiken, durch die eine Unternehmenskultur entsteht, sind teilweise bewusst und teilweise unbewusst (sie wirken dann als Grundprämissen) und erzeugen in ihrer Gesamtheit das viel zitierte „Betriebsklima". Schein (1995, S. 186 ff.) spricht hier auch von „primären Mechanismen" der Verankerung, die eher auf der latenten, indirekten Ebene stattfinden, und von „sekundären Mechanismen" der Artikulierung und Bekräftigung, die aktiv und manifest betrieben werden:

This means having the ability to think in a structure-organisational and processes-organisational manner, and not only in personal and relationship categories. Organisational self-reflection enables a balance between involvement and distance, and leads to the development of organisation awareness.

System Logics

"Organisation" system logic	"Family" system logic
• Focused on tasks and functions	• Focused on persons and relationships
• Change: persons are exchangeable	• Functions are exchangeable, not persons
• Secondary communication: contact serves the actual task	• Primary communication: contact is self-serving
• Indirect communication via third parties or facilities without personal contact	• Direct communication: face to face
• Predictable time concepts	• No clearly predictable response time
• The group is linked and outwardly open	• The group is outwardly closed

5.9 Maintaining Corporate Culture

Not only structural conditions, but also cultural conditions are often central starting points for conflict prevention. This often begins with an analysis of the culture, enabling the development then of targeted interventions as needed (cf. Pullig 2000).

> *Management personnel in particular are endowed with a central role in the creation and maintenance of the corporate culture.*

The mechanisms and dynamics that emerge in a corporate culture are partially both conscious and unconscious (they function then as basic assumptions), and as a whole they create the oft-cited "work climate". Schein (1995, p. 186 ff.) also speaks on this point of "primary mechanisms" as the anchor that functions more at the latent, indirect level, and of "secondary mechanisms" of articulation and substantiation that are actively and manifestly practiced:

> **Mechanismen der Kulturverankerung**
>
> **Primär/indirekt**
> - Dinge, denen Führungskräfte regelmäßig bewusst oder unbewusst ihre Aufmerksamkeit schenken; alles, was sie beurteilen, kommentieren, kontrollieren oder belohnen
> - Signale hinsichtlich der Prioritäten, Überzeugungen, Werte etc.
> - Führungsreaktionen auf problematische Ereignisse und Krisen
> - Kriterien für die Zuteilung von Ressourcen
> - Vorbildwirkungen
> - Indirekte Vermittlung über inoffizielle Aussagen, Verhalten
> - Mythen und Geschichten über den Unternehmensgründer
> - Belohnungs-, Beförderungs- und Statussysteme, Personalpolitik
>
> **Sekundär/manifest**
> - Gestaltung des Unternehmens (Aufteilung in Produktgruppen, Märkte, Verantwortungsbereiche etc.)
> - Routineabläufe, Verfahren, Berichte und Systeme
> - Rituale und Bräuche (z.B. Meetings, Betriebsausflüge)
> - Gestaltung der materiellen Ausstattungen (Räumlichkeiten, Fassaden, Büros, Produktionsstätten etc).
> - Bekannte und tradierte Geschichten, Mythen, Witze über wichtige Ereignisse und Menschen im Laufe der Unternehmensentwicklung
> - Offizielle Aussagen zu Unternehmensphilosophie und -werten (öffentliche Broschüren und Auftritte)

6 Lösungsverfahren je nach Eskalationsgrad

Je nachdem, in welcher Eskalationsphase (vgl. Kap. 3.5) sich ein Konflikt befindet, sind verschiedene Lösungsstrategien sinnvoll.

In Phase 1 (Missstimmung) und 2 (Debatte) ist es meist noch möglich, entweder als Beteiligter selbst ein Konfliktlösungsgespräch zu initiieren oder als Führungskraft ein solches anzuregen. Ab der Stufe 3 (Misstrauen) ist es hilfreich, eine unbeteiligte dritte Partei hinzuzuziehen, die zunächst als Mittler (Moderation, Mediation), ab der Stufe 5 (Entgleisung) auch als Schlichter und ab der Stufe 7 (Gewalt) als Entscheider und Richter auftritt.

Die im Folgenden vorgestellten Formen der Intervention sind fokussiert auf die ersten Eskalationsphasen, in denen es noch möglich ist, den Konflikt konsensorientiert und gemeinsam oder unter Zuhilfenahme eines neutralen Dritten zu lösen (vgl. Kap. 8 bis 10 für weitere konkrete Interventionsformen).

Mechanisms of Culture Anchoring

Primary/indirect

- Matters which management personnel regularly give their attention to consciously or unconsciously; everything they evaluate, comment on, control or reward
- Signals regarding priorities, opinions, values, etc.
- Management reactions to problematic events and crises
- Criteria for the distribution of resources
- Role model effects
- Indirect communication about unofficial statements, conduct
- Myths and stories about the company founders
- Reward, promotion and status systems, personnel policy

Secondary/manifest

- Arrangement of the company (division into product groups, markets, areas of responsibility, etc.)
- Routine workflows, processes, reporting and systems
- Rituals and customs (for example meetings, company excursions)
- Arrangement of material accoutrements (space, building fronts, offices, production facilities, etc.).
- Well-known and established stories, myths, jokes about important events and people in the course of the development of the company
- Official statements on the company's philosophy and values (public brochures and appearances)

6 Solution Procedure According to the Degree of Escalation

Different strategies make sense depending on the escalation phase (cf. Chapter 3.5) that a conflict finds itself in.

In Phases 1 (Discord) and 2 (Debate) it is generally still possible to initiate a conflict resolution discussion as a direct participant, or to recommended one as a manager. From Phase 3 (Mistrust) it is helpful to include an impartial third party who functions initially as a moderator (Moderation, Mediation), from Phase 5 (Derailment) as a mediator and from Phase 7 (Violence) as a decision-maker and judge.

The forms of intervention introduced in the following section are focused on the first escalation phases in which it is still possible to resolve the conflict mutually with an orientation on consensus or with the participation of a neutral third party (cf. Chapters 8 to 10 for additional specific intervention forms).

Lösungsverfahren je nach Eskalationsgrad

6.1 Konfliktlösungsgespräche führen

Eine Konfliktlösung zwischen den beteiligten Konfliktpartnern erfordert die Bereitschaft beider Seiten, den vorhandenen Konflikt zu sehen und zu lösen.

> *Das zentrale Ziel eines Konfliktlösungsgespräches ist es, Missstimmigkeiten und Meinungsunterschiede zwischen den Beteiligten direkt auszutragen und zu klären.*

Man spricht auch von einem „Streitdialog" (vgl. Benien 2003). Dieses Gespräch wird in der Regel von einem der am Konfliktgeschehen Beteiligten initiiert, in selteneren Fällen wollen alle Parteien solch einen Austausch. Wenn also eine Partei das Gespräch sucht, ist es wichtig, dass sie die Bereitschaft des Gegenübers erreicht.

Konfliktlösungsgespräche vorbereiten

Bevor Sie in ein Konfliktlösungsgespräch gehen, sollten Sie sich gut darauf vorbereiten. Ein unüberlegtes Gespräch in einer emotional angespannten Situation führt meist nur zu kurzfristigen Erfolgen oder sogar zu unproduktiven weiteren Eskalationen. Beachten Sie folgende Schritte der Vorbereitung:

- Klären Sie Ihre eigenen Emotionen und versetzen Sie sich in eine lösungsorientierte Stimmung.
- Bestimmen und überprüfen Sie Ihre Ziele und Einstellungen.
- Versetzen Sie sich in Ihren Gesprächspartner hinein, überlegen Sie, welche Ziele er haben könnte, und laden Sie ihn zum Gespräch ein.
- Spielen Sie verschiedene Gesprächsverläufe und -strategien durch, ohne sich daran festzubeißen, und überlegen Sie, inwieweit Sie auf den Partner zugehen wollen. Überlegen Sie sich vor allem einen geeigneten Einstieg in das Gespräch.
- Stellen Sie einen guten Rahmen für das Gespräch her, nehmen Sie sich Zeit und wählen Sie ein geeignetes Umfeld, in dem Sie nicht gestört werden.

Konfliktlösungsgespräche durchführen

Wichtig für ein Konfliktlösungsgespräch ist es, sich ausreichend Zeit zu nehmen und so die Eskalationsdynamik zu verlangsamen. Bewährt hat sich die Einhaltung bestimmter Gesprächsphasen, die in der folgenden Übersicht zusammengestellt sind.

Solution Procedure

6.1 Conducting Conflict Resolution Discussions

Conflict resolution between participating conflict partners requires the willingness on both sides to face the conflict at hand and resolve it.

> *The central objective of a conflict resolution discussion is to directly air the ill feelings and differences of opinion between the participants and to clarify them.*

This is also known as a "dispute dialogue" (cf. Benien 2003). Such a discussion is usually initiated by one of the parties involved in the conflict, and less frequently both parties desire such an exchange. It is therefore important when one party desires a discussion to achieve the corresponding willingness of the opponent.

Preparing for Conflict Resolution Discussions

You should be well-prepared before entering into a conflict resolution discussion. An unprepared discussion in an emotionally charged situation usually leads only to short-term successes, or even to unproductive additional escalation. Observe the following preparation steps:

- Clear up your own emotions and put yourself in a solution-orientated frame of mind.
- Determine and examine your objectives and attitudes.
- Put yourself in your discussion partner's shoes, think about what his/her aims could be and invite him/her to have a discussion.
- Mentally play out different possible discussion courses and strategies without getting bogged down in detail and think about how far you want to go to accommodate your partner. Above all, think about the most appropriate way to start the discussion.
- Create a good framework for the discussion, take your time and choose a suitable environment where you will not be disturbed.

Holding Conflict Resolution Discussions

It is important for a conflict resolution discussion to take sufficient time, thereby slowing down the escalation dynamics. Experience has proven that it is beneficial to maintain specific discussion phases as they are compiled in the following overview.

Lösungsverfahren je nach Eskalationsgrad

✓ Leitfaden für Konfliktlösungsgespräche

Gesprächsphase 1: Einleitung
- *Setting und Prozedere (Zeit, Ablauf) klären*
- *Spielregeln vereinbaren*
- *Für eine gute Atmosphäre sorgen und Vertrauen herstellen*

Gesprächsphase 2: Aussprache
- *Den Konflikt aus der Sicht der Beteiligten beschreiben*
- *Unterschiedliche Sichtweisen offen aussprechen*

Gesprächsphase 3: Dialog
- *Sich über die Sichtweisen austauschen und die Beziehung weiterentwickeln*
- *Neue Erkenntnisse und Einsichten gewinnen*

Gesprächsphase 4: Beruhigung
- *Gemeinsamkeiten erkennen*
- *Sich bei Bedarf entschuldigen oder versöhnen*

Gesprächsphase 5: Lösungssuche
- *Zugrunde liegende Sachprobleme identifizieren*
- *Nach verschiedenen Lösungsmöglichkeiten für die Zukunft suchen*

Gesprächsphase 6: Umsetzung/Abschluss
- *Konkrete Schritte vereinbaren*
- *Das Gespräch reflektieren*

Nachbereitung von Konfliktlösungsgesprächen

Konflikte treten in Unternehmen in der Regel nicht isoliert auf, sondern sind Teil eines Prozesses der Zusammenarbeit. Deshalb ist es sinnvoll, nach einer vereinbarten Zeit zu überprüfen, ob die Konfliktlösung funktioniert hat, ob die Beteiligten sich an die vereinbarten Maßnahmen halten und ob noch Handlungsbedarf besteht.

Falls es nicht zur gewünschten Lösung gekommen ist und die Beteiligten sich wie in einer Sackgasse fühlen, kann es sinnvoll sein, einen externen Moderator hinzuzuziehen. Wenn es sich z.B. um einen Konflikt zwischen zwei Kollegen handelt, kann auf Anfrage der Vorgesetzte diese Moderation übernehmen. Manche Unternehmen bilden auch interne Moderatoren für solche Fälle aus, die insbesondere dann hilfreich sind, wenn die Führungskraft selbst in den Konflikt involviert ist.

Solution Procedure

Guidelines for Conflict Resolution Discussions ✓

Discussion phase 1: Introduction
- Clarify the setting and procedure (time, sequence)
- Agree to applicable rules
- Ensure a good atmosphere and create trust

Discussion phase 2: Expressing positions
- Describe the conflict from the perspectives of the participants
- Openly express different viewpoints

Discussion phase 3: Dialogue
- Exchange views on the viewpoints and further develop the relationship
- Obtain new knowledge and insights

Discussion phase 4: Pacification
- Recognise commonalities
- Reconcile or apologise as necessary

Discussion phase 5: Solution search
- Identify fundamental topical problems
- Search for different solution possibilities for the future

Discussion phase 6: Implementation/conclusion
- Agree to specific steps
- Reflect on the discussion

Post-Processing of Conflict Resolution Discussions

In general, conflicts do not emerge in a company in an isolated manner, but are instead part of a process of working together. It therefore makes sense after an agreed time period to examine whether the resolution of the conflict has actually worked, whether the participants are complying with the agreed measures and whether intervention is needed.

If the desired solution has not manifested itself and the participants feel like they are stuck in a dead-end, it can make sense to call upon an external moderator. For example, if the issue is a conflict between two colleagues, then the supervisor can take on the moderating role upon request. Some companies even train internal moderators for such situations who are particularly helpful if the manager is directly involved in the conflict.

6.2 Sachgerecht verhandeln

Eine andere Methode der Konsensfindung ist das so genannte sachgerechte Verhandeln, das seit mehr als 20 Jahren auch als Harvard-Konzept bekannt ist (Fisher et al. 2004). In Ergänzung zum Konfliktlösungsgespräch, bei dem im Mittelpunkt die Wiederherstellung einer störungsfreien Beziehung steht, geht es hier darum, sachlich vernünftige Lösungen für Probleme zu finden.

Das sachgerechte Verhandeln ist eine Methode, die mit effizienten und integrativen Verfahrensweisen ausdrücklich auf vernünftige Ergebnisse abzielt. Es bezieht sich dabei auf vier Ebenen, die wesentlich für den Erfolg von Verhandlungen sind und die sich in einem beispielhaften Leiffaden für Verhandlungen wiederfinden (s.u.):

1. Menschen: Menschen und Probleme getrennt voneinander behandeln.
2. Interessen: Sich auf Interessen statt auf Positionen konzentrieren.
3. Optionen: Nach Lösungsoptionen mit beiderseitigem Vorteil suchen.
4. Kriterien: Nach objektiven Beurteilungskriterien entscheiden.

Leitfaden für Verhandlungen

Verhandlungsphase 1: Bindung aufbauen
- *Beziehungen vorrangig behandeln*
- *Personen von Problemen trennen*
- *Zuhören, Feedback geben, Ich-Botschaften anwenden*
- *Sich in den anderen hineinversetzen*

Verhandlungsphase 2: Interessen und Ziele klären
- *Eigene Bedürfnisse und Interessen und die des anderen herausfinden*
- *Sich auf Interessen statt auf Positionen konzentrieren*
- *Gemeinsame Interessen hervorheben*
- *Hart in der Sache und sanft zu den Menschen sein*

Verhandlungsphase 3: Lösungsoptionen entwickeln
- *Hindernisse bei der Entwicklung von Alternativen beseitigen*
- *Offen sein für verschiedene Möglichkeiten*
- *Ideenfindung und Bewertung trennen (Brainstorming)*
- *Vorteile für beide Seiten suchen*

Verhandlungsphase 4: Entscheidung zu beiderseitigem Vorteil
- *Neutrale, objektive Beurteilungskriterien für die Entscheidung suchen*

6.2 Principled Negotiation

Another method of building consensus is so-called "principled negotiation", which has also been known for over 20 years as the Harvard Concept (Fisher et al. 2004). As a supplement to a conflict resolution discussion which is focused on the re-establishment of a relationship free of disruptions, the issue in this regard is finding objectively reasonable solutions for problems.

Principled negotiation is a method that expressly aims at achieving sensible results with efficient, integrative procedures. This relates to four levels which are important for the success of negotiations and which are reflected in an exemplary set of guidelines for negotiations (see below):

1. People: People and problems are to be treated separately.
2. Interests: Concentrating on interests instead of positions.
3. Options: Searching for solution options that are mutually beneficial.
4. Criteria: Making decisions in accordance with objective evaluation criteria.

Guidelines for Negotiations ✓

Negotiation phase 1: Building bonds
- *Treat relationships with overriding priority*
- *Separate persons from problems*
- *Listen, give feedback, use "I" messages*
- *Put yourself in the other person's position*

Negotiation phase 2: Clarifying interests and objectives
- *Find out your own needs and interests and those of the other party*
- *Concentrate on interests instead of positions*
- *Emphasise mutual interests*
- *Be tough on the topic and gentle to the people*

Negotiation phase 3: Developing solution options
- *Remove obstacles to the development of alternatives*
- *Be open to different possibilities*
- *Separate coming up with ideas (brainstorming) and their evaluation*
- *Look for benefits for both sides*

Negotiation phase 4: Mutually beneficial decision
- *Look for neutral, objective evaluation criteria for the decision*

- Objektivität durch Fairness, Effektivität, Sachbezogenheit erreichen
- Faire Verfahrensweisen wählen
- Commitment auf beiden Seiten anstreben

Verhandlungsphase 5: Umsetzung und Abschluss
- Konkrete Schritte vereinbaren
- Verhandlung reflektieren

6.3 Konflikte moderieren

Wenn die Konfliktbeteiligten den Eindruck haben, sich in einer Sackgasse zu befinden, ist es sinnvoll, einen Moderator einzuschalten. Dies ist häufig ab Phase 3 der Konflikteskalation der Fall, in der ein Misstrauen zwischen den Parteien die Kommunikation erschwert. In den Anfängen emotional gespannter Situationen reicht es oft schon aus, dass überhaupt eine dritte Person anwesend ist – in vielen Fällen wird eine Lösung schon allein durch Zuhören und das Zeigen von Interesse katalysiert. Erst wenn diese Anwesenheit nicht mehr ausreicht, ist es sinnvoll, einen Vermittler um Hilfe zu bitten.

Als interner Moderator ist die Führungskraft häufig gefragt. Oft findet sie sich auch unbeabsichtigt in dieser Rolle wieder, wenn sie z.B. eine Diskussion moderiert, in der Differenzen auftauchen, oder wenn Mitarbeiter untereinander Streit haben, die Aufgabenverteilung unklar ist o. Ä.

Die Moderation von Problemlösungsprozessen gehört zum Führungsalltag. Um auch in – oft unerwarteten – Konfliktsituationen diese Rolle bewusst einnehmen zu können, ist es notwendig, zwei Prinzipien einzuhalten:

1. **Allparteilichkeit**: die Fähigkeit, sich in die Positionen beider Parteien hineinzuversetzen und Verständnis für die Wünsche, Interessen, „wunden Punkte" und Befürchtungen beider Parteien aufzubringen.
2. **Unparteilichkeit bzw. Überparteilichkeit**: die Fähigkeit, eigene Meinungen und Interessen aus dem Geschehen herauszuhalten.

Das Ziel der Moderation ist es, die Beteiligten bald wieder in die Lage zu versetzen, ihre Konflikte selbst zu bewältigen. Die Aufgabe des Moderators besteht darin, den Lösungsprozess zu gestalten und die Verantwortung für das Problem und die Lösung bei den Beteiligten zu lassen.

- *Achieve objectivity through fairness, effectiveness and topical relevance*
- *Choose fair methodologies*
- *Seek a commitment from both sides*

Negotiation phase 5: Implementation and conclusion
- *Agree to specific steps*
- *Reflect on the negotiation*

6.3 Moderating Conflicts

If the conflicting parties have the impression that they have reached an impasse, it makes sense to introduce a moderator. This is frequently the case from Phase 3 of conflict escalation, where mistrust between the parties makes communication more difficult. In the early stages of an emotionally tense situation, it is often sufficient that a third person is present at all – in many cases, a solution is initiated simply through listening and showing an interest. Only when such a presence is no longer adequate on its own is it recommended to ask for help from a mediator.

Managers are frequently in demand as internal moderators. Often they find themselves in this role unintentionally, for example, when they are moderating a discussion in which differences emerge or when employees have disputes among one another, when the allocation of tasks is unclear or in similar situations.

The moderation of problem resolution processes is part of the day-to-day management. In order to be able to also take on this role in often unexpected conflict situations, it is necessary to maintain two principles:

1. Partiality to all: The ability to put oneself in the positions of both parties and to display understanding for the wishes, interests, "sore spots" and fears of each of the parties.
2. Impartiality or over-partiality: The ability to keep one's own opinions and interests out of the situation.

The aim of moderation is to quickly put the participants back in the position of being able to resolve their conflicts on their own. The job of the moderator is to arrange the resolution process and to leave the responsibility for the problem and its solution with the participants.

Lösungsverfahren je nach Eskalationsgrad

Der Moderator steuert den Konfliktlösungsprozess durch folgende Phasen:

✓ Leitfaden für die Konfliktmoderation

Phase 1: Rahmen-, Situations- und Auftragsklärung
- Erwartungen an die Moderation klären
- Auftraggeber und Energieverhältnisse identifizieren

Phase 2: Anwärmen und Kontakt stiften
- Rolle des Moderators erklären (Fragen stellen, zusammenfassen, visualisieren und Ergebnisse festhalten, Feedback geben, für ein gutes Klima sorgen, zuhören, für Einhaltung der Spielregeln sorgen, strukturieren, konkretisieren)

Phase 3: Ziele und Erwartungen klären
- Erwartungen und Ziele der Beteiligten benennen
- Spielregeln vereinbaren

Phase 4: Themen sammeln
- Die unter dem Ziel und Oberthema in Phase 3 angeklungenen Einzelthemen erfassen

Phase 5: Sichtweisen klären
- Die Bedeutung der Themen und die dahinter liegenden Interessen der Beteiligten klären und erläutern
- Alles „auf den Tisch bringen"
- Die verschiedenen Sichtweisen sehen und anerkennen

Phase 6: Ideen entwickeln
- Ideen und Vorschläge machen, was zur Lösung möglich wäre
- Noch keine Bewertungen!

Phase 7: Ideen bewerten und Lösungen aushandeln
- Bewertung z.B. nach Machbarkeit, Ressourcen oder Akzeptanz
- Nicht nur Erwartungen und Forderungen an den anderen nennen, sondern auch eigene Angebote zur aktiven Konfliktlösung machen
- Konkrete Aktionen und Maßnahmen verabschieden

Phase 8: Implementierung planen und weiterverfolgen
- Vereinbaren, wie die Umsetzung der vereinbarten Schritte weiterverfolgt wird
- Folge- und Follow-up-Gespräche verabreden

Phase 9: Prozessreflexion
- Positive Meilensteine der Zusammenarbeit und Ergebnisfindung verstärken und Anregungen festhalten
- Atmosphäre und Ergebnisse reflektieren, Offenes klären

Solution Procedure

The moderator guides the conflict resolution process through the following phases:

Guidelines for Conflict Moderation ✓

Phase 1: Clarification of the framework, situation and assignment
- Clarify the expectations placed on the moderation
- Identify the contracting parties and the energy relationships

Phase 2: Warming up and instigating contact
- Explain the role of the moderator (posing questions, summarising, visualising and documenting results, providing feedback, ensuring a positive climate, listening, ensuring compliance with the rules, structuring, specifying)

Phase 3: Clarifying objectives and expectations
- State the expectations and aims of the participants
- Agree on rules

Phase 4: Assembling topics
- Listing the individual topics indicated in Phase 3 under the objective and the primary topic

Phase 5: Clarifying viewpoints
- Clarifying and commenting on the meaning of the topics and the underlying interests of the participants
- Putting "all the cards on the table"
- Seeing and acknowledging the different viewpoints

Phase 6: Developing ideas
- Coming up with ideas and making recommendations regarding what is possible for resolution
- No assessments yet!

Phase 7: Evaluating ideas and negotiating solutions
- Assessment on the basis of feasibility, resources or acceptance, for example
- Not just stating expectations and demands to the other party, but also making offers for the active resolution of the conflict
- Agreeing on specific actions and measures

Phase 8: Planning implementation and follow-up
- Agreeing on how the implementation of the agreed steps will be followed up
- Agreeing on follow-up discussions

Phase 9: Process reflection
- Reinforcing positive milestones of the work together and the search for results along with documenting recommendations
- Reflecting on the atmosphere and results and openly discussing them

6.4 Einen Mediator einsetzen

Eine Alternative zur Moderation ist die Mediation, ein Verfahren, das ursprünglich aus den USA stammt, wo es als stark strukturiertes außergerichtliches Einigungsverfahren vor über 20 Jahren entwickelt wurde und anfangs eher einem Schlichtungsverfahren ähnelte (Altmann et al. 1999, Berkel 2002). Inzwischen steht bei der Mediation eine ganzheitliche Moderation von Konflikten (z.B. Risto 2005, von Hertel 2003) mit dem Ziel der Weiterentwicklung von Konfliktlösungskompetenzen der Beteiligten im Mittelpunkt.

> *Unter Mediation versteht man ein strukturiertes und ganzheitliches Verfahren, in dem ein neutraler Dritter ohne Entscheidungsbefugnisse die Konfliktparteien auf dem Weg zur Konsensfindung begleitet.*

Voraussetzung ist hier – wie bei der Moderation – die Bereitschaft zur freiwilligen Teilnahme aller Parteien sowie die Neutralität des Vermittlers. Der Mediationsprozess umfasst meist mehr als eine Sitzung: Je nach Thema, Teilnehmern und Eskalationsgrad sind etwa drei bis fünf Meetings von je zwei bis drei Stunden sinnvoll. Wenn nicht nur zwei Personen, sondern Gruppen beteiligt sind, kann die Mediation auch mit einem mehrtägigen Workshop beginnen oder im Rahmen eines solchen Workshops erfolgen. Eine Mediation verfolgt dabei folgende Ziele:

- Das künftige Zusammenarbeiten ermöglichen.
- Eine Win-Win-Lösung erreichen.
- Zu einem „Vertrag", einer konkreten Vereinbarung zwischen den Beteiligten kommen.
- Die Fähigkeiten der Beteiligten zur direkten, offenen Auseinandersetzung im Sinne eines Konfliktgesprächs oder einer Verhandlung fördern.
- Aus Teufelskreisläufen langfristig aussteigen.

Leitfaden für die Mediation

Phase 1: Mediation vorbereiten
- *Atmosphäre schaffen*
- *Beziehungen aufbauen*
- *Courage zur Mitarbeit vermitteln*

Phase 2: Rahmen setzen und Kontakt herstellen
- *Regeln vereinbaren*
- *Ggf. Einzelgespräche führen*

6.4 Appointing a Mediator

An alternative to moderation is mediation, a process that originated in the USA, where it was developed over 20 years ago as a heavily structured out-of-court settlement procedure which in its early days closely resembled an arbitration proceeding (Altmann et al. 1999, Berkel 2002). Meanwhile, mediation is focused on the comprehensive moderation of conflicts (for example Risto 2005, von Hertel 2003) with the aim of further developing the participants' conflict resolution skills.

> *Mediation is understood as a structured, comprehensive procedure in which a neutral third party with no decision-making authority accompanies the conflict parties along the path to finding consensus.*

As with moderation, this requires the willingness on the part of all the parties to participate voluntarily and also the neutrality of the mediator. The mediation process generally comprises more than only one meeting. Depending on the topic, the participants and the degree of escalation, some three to five meetings of two hours each make sense. If it is not simply two persons but instead groups that are involved, then mediation can also begin with a workshop over several days or take place within the framework of such a workshop. A mediation session pursues the following objectives:

- Making future collaboration possible.
- Achieving a win-win solution.
- Concluding a "contract", a specific agreement between the participants.
- Advancing the skills of the participants in direct, open conflict as defined by a conflict discussion or by negotiation.
- The permanent exit from vicious circles.

Guidelines for Mediation ✓

Phase 1: Mediation preparation
- *Creating an atmosphere*
- *Building up relationships*
- *Conveying the courage to work together*

Phase 2: Establishing frameworks and contact
- *Agreeing on rules*
- *Conducting individual discussions if needed*

Lösungsverfahren je nach Eskalationsgrad

Phase 3: Auftrag und Ziele konkretisieren
- *Ziele beider Seiten schriftlich festhalten*
- *Verantwortung für die Zielerreichung klären*
- *Bedeutung und Wahrscheinlichkeit der Zielerreichung definieren*

Phase 4: Themen mitteilen und Kernthemen herausarbeiten
- *Regelungsbedürftige Themen gemeinsam entwickeln*
- *Unterschiedliche Sichtweisen mit Ich-Botschaften formulieren*

Phase 5: Positionen und Interessen trennen
- *Unterschiedliche Sichtweisen verstehen und Bedürfnisse und Interessen herausfinden*
- *Nicht zu schnell vermeintliche Lösungen verhandeln*

Phase 6: Ideen suchen
- *Kreativität der Beteiligten fördern*

Phase 7: Vereinbarungen treffen und Folgetreffen verabreden
- *Lösungsoptionen so lange in der Schwebe halten, bis beide Parteien wirklich einverstanden sind*
- *Konkretisieren, wer was wann mit wem macht*
- *Überprüfung der Zufriedenheit mit den erreichten Zielen*

Inwieweit ein Mediator gute Arbeit leistet, können Sie anhand der folgenden Checkliste überprüfen.

Checkliste: Mediationskompetenzen

Die Mediatorin / Der Mediator hat ...
- *für ein gutes Setting gesorgt (Raum, Zeitrahmen, Pausen).*
- *die Struktur der Vorgehensweise transparent gemacht.*
- *die Spielregeln geklärt.*
- *die Ziele der Beteiligten herausgearbeitet.*
- *für alle Parteien Interesse und Wertschätzung gezeigt.*
- *dafür gesorgt, dass alle zu Wort kommen, und Fragen gestellt.*
- *nach Beispielen gefragt, konkretisiert.*
- *Unterschiede und Gemeinsamkeiten benannt.*
- *Erlebnisse, Ereignisse und Gefühle zusammengefasst und gespiegelt.*
- *Angriffe, Beleidigungen, Vorwürfe oder versteckte Polemik unterbrochen und nach dahinter liegenden Wünschen gefragt.*
- *auch kleine Schritte des Aufeinander-Zugehens bestärkt und ermutigt.*
- *Ergebnisse und Zwischenergebnisse festgehalten, visualisiert.*
- *für Vereinbarungen gesorgt.*
- *Folgetreffen terminiert.*

Solution Procedure

Phase 3: Specifying the task and objectives
- *Document the objectives of both sides*
- *Clarify the responsibility for attainment of the objectives*
- *Define the importance and probability of attaining the objectives*

Phase 4: Communicating the topics and working out the core topics
- *Develop topics requiring regulation together*
- *Formulate different viewpoints with "I" messages*

Phase 5: Separating positions and interests
- *Understand different viewpoints and needs, and find out what the interests are*
- *Do not negotiate apparent solutions too quickly*

Phase 6: Searching for ideas
- *Promote the creativity of the participants*

Phase 7: Making agreements and agreeing on follow-up meetings
- *Keep solution options on hold until both parties are genuinely in agreement*
- *Specify who does what with whom when*
- *Assessment of the satisfaction with the achieved objectives*

You can evaluate how well a mediator has done on the basis of the following checklist.

Checklist: Mediation Skills ✓

The mediator ...
- *provided a good setting (room, timeframes, breaks).*
- *made the structure of the procedure transparent.*
- *explained the rules.*
- *worked out the objectives of the participants.*
- *demonstrated interest in and appreciation of all the parties.*
- *ensured that everyone had their say and posed questions.*
- *requested and specified examples.*
- *specified differences and commonalities.*
- *summarised and reflected on experiences, events and emotions.*
- *interrupted attacks, insults, accusations or concealed polemics and inquired about their underlying wishes.*
- *encouraged and reinforced even small steps in the process of coming closer together.*
- *documented and visualised results and intermediate results.*
- *ensured agreements.*
- *scheduled follow-up meetings.*

6.5 Schlichtungsstellen einschalten

Finden die Beteiligten auch mit Moderator oder Mediator keine Einigung, besteht die Möglichkeit, einen Schlichter einzuschalten. Dies ist dann nötig, wenn kein Interessensausgleich möglich ist oder wenn der Konflikt (auf Stufe 5 oder 6) zu weit eskaliert ist und persönliche Gespräche kaum noch möglich scheinen.

Wenn die Glaubwürdigkeit des Gegenübers auf Null gesunken ist, wenn der kleinste Anlass genügt, um die Schlechtigkeit des anderen zu zementieren und wenn der andere überhaupt insgesamt als Feind gesehen wird, ist die Beziehung aus Sicht der Beteiligten oft unumkehrbar geschädigt. Man ist nicht mehr bereit zu verzeihen und das Interesse, an der Beziehung zu arbeiten, sinkt. Wenn es so weit gekommen ist, geht der Impuls zur Lösungsfindung selten von den Beteiligten selbst aus.

Oft werden dann innerbetriebliche Instanzen wie Betriebsräte oder Führungskräfte als Anwalt hinzugezogen, der ein parteiischer Unterstützer ist. Dies geschieht meist dann, wenn die eigene Position gestärkt werden soll – hilfreich ist das z.B. in Mobbing-Fällen, wenn andernfalls eine starke Ungerechtigkeit auftreten würde. In der Regel jedoch ist die Anwaltsfunktion für die Führungskraft eher gefährlich – es besteht dann die Gefahr, einen Mitarbeiter zu bevorzugen und in psychologische Spiele hineingezogen zu werden.

Besser ist es, möglichst Neutralität zu wahren. In eskalierten Fällen ist dann die neutrale Rolle des Schlichters sinnvoll. Schlichten stellt eine Mithilfe zur Beilegung von Streitigkeiten dar.

> *Der Schlichter hat die Aufgabe, aufgrund der Forderungen und Argumente der beteiligten Parteien einen Lösungsvorschlag zu erarbeiten.*

Er muss dafür neutral (ohne eigene Interessen), unparteilich (ohne Präferenzen für eine Partei) und unbefangen (ohne Vorurteile für bestimmte Richtungen) sein (vgl. Glasl 2004). Damit folgt er einem gesetzlichen Gleichheitsgrundsatz, der entscheidend ist für die Akzeptanz des ausgesprochenen Schiedsspruchs.

Grundsätzlich ist eine Zustimmung der Konfliktparteien zum Schlichterspruch erforderlich. Voraussetzung dafür ist, dass sie den Schlichter anerkennen und sich zu einer Durchführung der ausgesprochenen Entscheidungen verpflichten. Der Konflikt wird durch solche Schlichtungsverfahren grundsätzlich über eine Verhaltensregulierung bzw. -kontrolle in Form von Verboten, Vorschriften oder Sanktionen beendet. Zugrunde liegende Gefühle, Einstellungen, Werte und Konfliktdynamiken werden hiervon nicht berührt.

6.5 Involving Arbitration Boards

If the participants cannot come to an agreement with the assistance of a moderator or a mediator, then there is the possibility of calling upon an arbitrator. This is necessary if no balance of interests is possible or if the conflict (at Phase 5 or 6) has escalated too far and personal discussions appear to be virtually impossible.

When the credibility of the opponent has hit bottom, when the smallest provocation is enough to cement one's view of the wickedness of the opponent and when the overall view of the opponent is only that of an enemy, then the relationship is often irrevocably damaged in the eyes of the participants. One is no longer prepared to forgive and the interest in working on the relationship sinks. When things have come this far, then the impetus for finding a resolution seldom comes from the participants themselves.

At this stage, it is common for in-house authorities such as works councils or executives to be included as the "lawyer" or advocate to support one side or the other. This usually occurs when an individual's position needs reinforcement – for instance, this is helpful in cases of mobbing where a great injustice would otherwise result. Generally speaking however, this lawyer role tends to be dangerous for the manager, harbouring the risk of showing preference to one employee over another and becoming entangled in psychological games.

It is better to maintain the greatest possible degree of neutrality. In escalated cases, the neutral role of the arbitrator makes sense. Arbitration represents an aid to the settlement of disputes.

> *The arbitrator has the job of coming up with a solution recommendation on the basis of the demands and arguments of the participating parties.*

To this end, the arbitrator must be neutral (with no personal interests) (cf. Glasl 2004), impartial (with no preference for one or the other party) and unbiased (without prejudice toward specific directions). In this way, he or she follows a legal equality principle that is decisive for the acceptance of the declared arbitrational award.

The consent of the conflict parties to accept the arbitrational award is fundamentally required. As a prerequisite to this, they must both acknowledge the arbitrator and commit themselves to executing the declared decision. The conflict is principally ended in such an arbitration proceeding by means of regulating conduct or by controls in the form of interdictions, regulations or sanctions. Underlying emotions, attitudes, values and conflict dynamics are not necessarily affected by this.

> **Beispiel**
>
> *Zwei Mitarbeiter können sich nicht über die Absprache eines Urlaubs einigen. Die Führungskraft hört sich beide Seiten an und fragt nach Lösungsvorschlägen. Da von Seiten der Mitarbeiter keine Kompromissbereitschaft erkennbar ist, entscheidet die Führungskraft, dass beide auf jeweils eine Urlaubswoche verzichten müssen, damit die Stelle immer besetzt ist.*

Schlichtungsverfahren sind sinnvoll, wenn man mit großen Personenzahlen in einem überschaubaren Zeitraum zu einer tragfähigen Lösung kommen möchte, oder wenn sich so gerichtliche Auseinandersetzungen vermeiden lassen.

In vielen Branchen werden so genannte Ombudsmänner eingesetzt, um z.B. Kundenreklamationen außergerichtlich beizulegen.

Folgendes sind die Ziele von Schlichtungsverfahren:
- Eine Ausweitung von eskalierten Konflikten begrenzen.
- Die „Streithähne" auseinander nehmen und alle Konflikthandlungen unterbinden.
- Die Akzeptanz der Lösung dem Streit der Parteien entziehen.
- Das Verhalten der Parteien fremder Kontrolle unterstellen.

Das Schlichtungsverfahren birgt jedoch mehrere Gefahren:
- Gefahr von Substitutionskonflikten. Wenn zugrunde liegende Konfliktherde nicht nachhaltig befriedet werden, kann es sein, dass der Konflikt an anderen Stellen wieder eskaliert.
- Gefahr der Förderung von Unselbstständigkeit. Die oft gewünschte schnelle Lösung wird womöglich langfristig kontraproduktiv, weil sie ein Lernen und Wachsen der Mitarbeiter anhand der vorhandenen Konflikte verhindert.
- Gefahr des Vertrauensverlusts. Entscheidet sich die Führungskraft dazu, selbst die Funktion des Schlichters zu übernehmen, kann es sein, dass sie das Vertrauen der Partei verliert, die sich durch den Schlichterspruch benachteiligt fühlt.

6.6 Trennungen fair managen

Hat der Konflikt eine Schädigung von Personen oder der Organisation zur Folge (Gewalt, Sabotage, Mobbing etc.), so ist es das erste Ziel, den Schaden zu minimieren und Grenzen zu setzen. Hier spricht man von einem Machteingriff, weil es darum geht, die bestehende Macht (Regeln, Gesetze, Befugnisse …) zur Beendigung des Konflikts einzusetzen. Die Verhaltenskontrolle durch die unabhängige Drittpartei hat das Ziel, Verhaltensweisen zu unterdrü-

Solution Procedure

> ### Example
>
> *Two employees cannot agree on coordinating their holidays. The manager listens to both sides and requests solution recommendations. As neither employee is prepared to compromise, the manager decides that each of them must sacrifice one week of holiday time in order to ensure that the post is occupied throughout the entire period.*

Arbitration proceedings make sense when one wants to achieve a sustainable solution with large numbers of people in a manageable period of time, or when this method can be deployed to avoid taking a conflict to court.

So-called "Ombudsmen" are used for this purpose in many branches, for example, to settle customer complaints out of court.

The objectives of arbitration proceedings are as follows:
- Limiting the expansion of escalated conflicts.
- Pulling apart the conflict "pit bulls" and stopping all of the activities related to the conflict.
- Extracting acceptance of the solution to the dispute from the parties.

Subjecting the parties to outside control.
Arbitration proceedings, however, harbour several dangers:
- The danger of substitution conflicts. When fundamental bundled conflicts are not sustainably satisfied, then it is possible that the conflict may escalate again at other points.
- The danger of promoting dependence. The frequently desired quick solution may possibly turn out to be counterproductive in the long run because it hinders the learning and growth of the employees on the basis of the present conflict.
- The danger of a loss of trust. If the manager decides to assume the function of an arbitrator, it is possible that he/she will lose the trust of the party that feels disadvantaged by the arbitrational award.

6.6 Managing Separations Fairly

If the conflict results in injury to persons or damage to the organisation (violence, sabotage, mobbing etc.), then the first objective is to limit those damages and establish barriers. This is called an intervention of power, because its purpose is to implement the existing authority (rules, laws, authorisations ...) to end the conflict. The behavioural control exercised by the independent third party is intended to suppress behaviour that could further escalate the

cken, durch die der Konflikt weiter eskalieren könnte, das schädliche Austragen des Konflikts zu unterbinden und den Konflikt unter formaler Kontrolle zu behalten.

Wenn es darum geht, soziale Konflikte durch eine Entscheidung von Machtinstanzen zu beenden, sind faire Vorgehensweisen und die Kenntnis arbeitsrechtlicher Aspekte zu Abmahnungen und Kündigungen und zum Umgang mit Mobbing von Bedeutung.

Wenn weder Gespräche und Verhandlungen noch kostengünstige Alternativen zu Gerichtsverfahren wie z.B. Schlichtungsverfahren eine Einigung zustande bringen, sollte eine faire Trennung vereinbart werden.

Chefs sind jedoch oft überfordert und ungeübt darin, Kündigungen auszusprechen. Sie geraten dadurch in Konflikte, die das Unternehmen teuer zu stehen kommen: Es entstehen Imageschäden, Ängste, Vertrauensverlust und mangelnde Motivation bei verbleibenden Mitarbeitern, und langwierige Aufhebungsverhandlungen und Arbeitsgerichtsprozesse verursachen hohe Kosten.

Häufigste Fehler beim Kündigen sind übereilte Vorgehensweisen, die mangelhafte Abklärung und Berücksichtigung arbeitsrechtlicher Aspekte und eine fehlende Vorbereitung auf das Trennungsgespräch. Darüber hinaus fehlt bei betriebsbedingten Kündigungen häufig die Einbettung dieser Maßnahme in die betrieblichen Abläufe (Kommunikationspolitik, Würdigung der Gehenden, Bindung und Revitalisierung der Bleibenden).

Will sich ein Unternehmen von Mitarbeitern aus einem Konflikt heraus trennen, empfiehlt sich vor der Einleitung eines Rechtsverfahrens ein faires Trennungsmanagement auf der Basis folgender Fragen (nach Höher & Höher 2007):

Checkliste: Trennungsfragen

- *Sind alle Alternativen zur Trennung sorgfältig geprüft worden?*
- *Können alle Parteien die Gründe für die beabsichtigte Kündigung nachvollziehen und mittragen?*
- *Welche juristischen Grundlagen sind für die Trennung gegeben und wer kann juristisch beraten?*
- *Wie sehen die Marktchancen des scheidenden Mitarbeiters aus?*
- *Wer wird den Betroffenen wie informieren? Wie ist der Betroffene auf diese Information vorbereitet?*
- *Ist eine Unterstützung nötig oder möglich?*
- *Mit welchen Reaktionen ist inner- oder außerbetrieblich zu rechnen und welche Stellungnahmen durch wen sind erforderlich?*

conflict, to eliminate the conflict being carried out in a damaging manner and to keep it under formal control.

When the issue is putting a stop to social conflicts on the basis of a decision made by authorities, then fair methods and procedures, knowledge about labour law aspects for reprimands and employment terminations and knowledge about dealing with mobbing are important.

> *If discussions and negotiations or other affordable alternatives to court proceedings such as arbitration fail to achieve an agreement, then a fair separation should be agreed.*

Bosses are frequently overburdened by and under-experienced in announcing terminations. This brings them into conflicts that could be costly for the company, resulting in image damage, fears, the loss of trust and a lack of motivation among the remaining employees, while long-winded abrogation proceedings and labour court proceedings cause considerable expense.

The most common mistake in dismissing employees consists of overhasty methods, insufficient explanation and observation of labour law aspects and also a lack of preparation for the dismissal discussion. In addition, in the case of operationally-related dismissals, the embedding of this measure in operational procedures (communication policy, appreciation of the person leaving, the commitment and revitalisation of those remaining) is overlooked.

If a company wants to separate itself from employees due to a conflict, it is advisable prior to the introduction of legal proceedings to conduct a fair separation management procedure on the basis of the following questions (according to Höher & Höher 2007):

Checklist: Separation Questions

- *Have all of the alternatives to separation been examined carefully?*
- *Can all of the parties understand and support the reasons for the planned termination?*
- *What legal principles are there for the separation and who can provide legal advice?*
- *How is the market opportunity outlook for the employee who is leaving?*
- *Who will inform the person in question and in what way? How is the person in question prepared for this information?*
- *Is support necessary or possible?*
- *What in-house or out-of-house reactions are likely and what commentary is required from whom?*

7 Konfliktlösung durch Persönlichkeitsentwicklung

Bevor Sie an die Lösung von sozialen Konflikten gehen, ist es notwendig, dass Sie sich Ihre eigene Einstellung, Erwartung und Zielsetzung bewusst machen (vgl. auch Kap. 5.1 und 5.2). Dazu ist es hilfreich, sich das eigene innere Team anzuschauen, die eigenen Entscheidungen zu managen und Gefühle und Stressmuster zu steuern.

7.1 Mit dem inneren Team arbeiten

Wenn jemand innerlich, z.B. in Bezug auf seine Entscheidungen, Rollen, Standpunkte, Ziele oder Entwicklungswünsche, nicht eins mit sich ist, wirkt sich dies auf seine Kommunikation und sein Konfliktlösungsverhalten aus. *„Zwei Seelen wohnen, ach, in meiner Brust"*, ließ schon der alte Goethe seinen Faust sagen.

In der modernen Psychologie werden diese „Seelen" als verschiedene Persönlichkeitsanteile im Sinne von unterschiedlichen inneren Erlebens- und Erfahrungszuständen vielfältig thematisiert. Berne spricht hier beispielsweise von Ich-Zustands-Systemen (kurz Ich-Zustände) und meint damit die Erlebenssysteme, die Menschen von sich und anderen als Kind, als Erwachsener und als Elternfigur kennen. Eine Form des Umgang mit inneren Konflikten ist die Arbeit mit den inneren Impulsen bzw. Anteilen, die als „Kopfbewohner" (Goulding 2000) bezeichnet werden können und wie ein inneres Team (Schulz von Thun 1998) miteinander kooperieren oder gegeneinander arbeiten (Abb. 8).

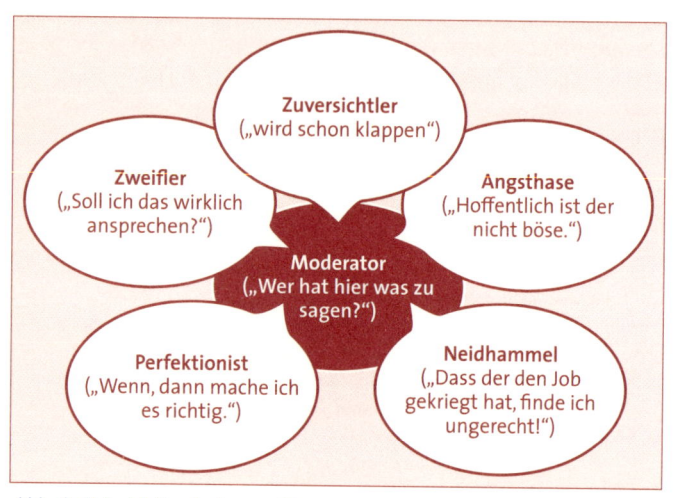

Abb. 8: Beispiel für ein inneres Team

7 Conflict Resolution Through Personality Development

Before you take on the resolution of social conflicts, it is necessary that you become conscious of your own attitudes, expectations and objectives (also cf. Chapters 5.1 and 5.2). It is helpful in this regard to examine one's own internal team, to manage one's own decisions and to control emotions and stress patterns.

7.1 Working with the Internal Team

When someone is not internally in harmony, for example in relation to their decisions, roles, standpoints, objectives or development wishes, this has an effect on their communication and their conflict resolution conduct. Even Goethe's Faust already said, *"Two souls do dwell, alas!, within my breast"*.

In modern psychology, these "souls" are addressed on a diverse basis as different parts of the personality as defined by various inner states of perception and experience. Berne addresses this topic for example in terms of ego state systems (ego states for short), meaning the experience systems that people are familiar within themselves and others as a child, adult and parent figure. One form of handling internal conflicts is working with those inner impulses or parts that can be designated as "inhabitant of the mind" (Goulding 2000) and that work like an internal team (Schulz von Thun 1998) either with or against one another (Ill. 8).

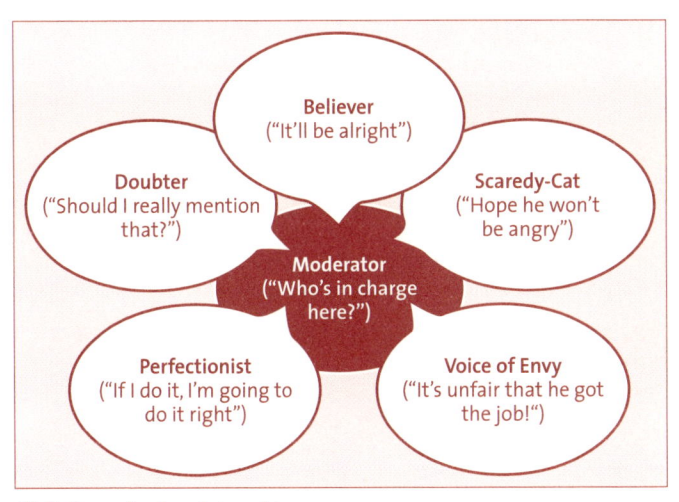

Ill. 8: Example of an internal team

Konfliktlösung durch Persönlichkeitsentwicklung

Schulz von Thun benennt innere Anteile von Konflikten wie Teammitglieder, die einerseits innere Persönlichkeitsanteile und Verhaltenstendenzen repräsentieren und andererseits auch äußere Rollenerwartungen abbilden.

Die Auswirkungen eines zerstrittenen oder uneinigen inneren Teams nach außen sind negativ. Sie äußern sich Schulz von Thun (1998) zufolge in

- innerer Lähmung und Leistungsminderung,
- unklarer, widersprüchlicher, nebulöser Kommunikation,
- dem „Vergraulen" von Kunden und
- einer Schwächung der eigenen Wirksamkeit und Ausstrahlung.

Deshalb ist es wichtig, sich dieser Anteile bewusst zu werden und sie in eine Richtung zu lenken:

> *Schalten Sie einen inneren Berater oder Moderator ein, der realistisch im Hier und Jetzt Möglichkeiten, Risiken und Chancen abwägt.*

Das gleicht einer inneren Teamentwicklung:

Übung: Innere Teamentwicklung

Identifizieren Sie verschiedene Anteile Ihres „inneren Teams" in Bezug auf einen bestimmten Konflikt, den Sie erlebt haben, indem Sie folgende Fragen beantworten:

- *Welche Tendenzen verspüren Sie in sich?*
- *Wie können Sie diese Tendenzen benennen?*
- *Was sagt welche Stimme?*
- *Wofür steht jedes Ihrer inneren Teammitglieder?*
- *Was sind positive, was negative Seiten?*
- *An welchen Stellen gibt es widersprüchliche Tendenzen?*
- *Wie können diese Widersprüche zu einer guten Vereinbarung / Versöhnung kommen?*
- *Welches innere Teammitglied bzw. welcher Anteil soll in welchen Situationen Vorrang haben?*
- *Welcher Anteil soll künftig gestärkt werden?*
- *Wie kann die gegenseitige Ergänzung aussehen?*

Sie können die Antworten auf diese Fragen aufschreiben oder mit jemandem besprechen. Am Ende Ihrer Auswertung steht möglicherweise ein Aktionsplan, mit dem Sie bestimmte Anteile bestärken können, und Sie erkennen, welche inneren Teammitglieder wie gestärkt oder gezügelt werden können, damit sie an der Zielerreichung mitwirken.

Conflict resolution

Schulz von Thun designates inner conflict parts as team members representing internal personality parts and behavioural tendencies on the one hand and on the other hand also depicting external role expectations.

The outward effects of a conflicted or discordant internal team are negative. According to Schulz von Thun (1998), they consequently express themselves in
- internal paralysis and reduced performance,
- unclear, contradictory and nebulous communication,
- the "off-putting" of customers and
- a weakening of one's own effectiveness and charisma.

It is therefore important to become aware of these parts and to guide them in one direction:

> *Call in an internal advisor or moderator to realistically appraise risks and opportunities in the here and now.*

This is equivalent to internal team development:

Exercise: Internal Team Development

Identify different parts of your "internal team" in relation to a specific conflict that you have experienced by answering the following questions:

- *What tendencies do you notice in yourself?*
- *What can you call these tendencies?*
- *What does each voice say?*
- *What do each of your internal team members stand for?*
- *What are the positive and negative sides?*
- *Where do you find contradictory tendencies?*
- *How can these contradictions come to a good agreement / reconciliation?*
- *Which internal team member or personality part should be at the forefront in which situations?*
- *What part or parts should be strengthened in the future?*
- *What would mutual complementation be like?*

You can either write down the answers to these questions or discuss them with someone. Upon completion of the evaluation, you might compile an action plan that you can use to reinforce specific personality parts and to recognise which internal team members can be strengthened or restrained in order to play their part in reaching your objective.

7.2 Entscheidungen managen

Eine andere Möglichkeit, sich darüber klar zu werden, was Sie wollen, wenn Sie innerlich hin und her gerissen sind, ist das Rollenwelten-Modell (vgl. Kap. 5.3) oder das Modell der Identitätssäulen (Fischer-Epe 2007). In letzterem sind fünf zentrale Lebensbereiche beschrieben, die als Orientierung in Entscheidungssituationen helfen, z.B. bei beruflichen Entwicklungen:

✓ **Checkliste:**
Entscheidungsvorbereitung bei beruflichen Entwicklungen

1. Arbeit und Leistung: Erfolge, Misserfolge, Herausforderungen, Perspektiven, Überforderungen
- Ist die Aufgabe interessant?
- Werde ich sie bewältigen können?
- Welche Auswirkungen hat das für meine spätere Karriere?

2. Soziales Netz: Freundschaften, Liebe, Familie, Stabilität, Trennungen
- Was bedeutet dieser Schritt für meine Freunde und/oder Familie?
- Wie wird sich mein soziales Umfeld verändern?

3. Körper: Fitness, Leistungsfähigkeit, Selbstwert, Altern
- Bin ich gesund genug für dieses Vorhaben? Wie fit fühle ich mich?
- Wie werde ich für meine Gesundheit sorgen? Was sind meine Stressmuster?

4. Materielle Sicherheit: persönliche Erwartungen und Ansprüche, persönliches Sorgenniveau
- Wie hoch ist der materielle Anreiz?
- Was will ich materiell erreichen?
- Was gebe ich ggf. materiell auf?
- Welche Bedeutung hat das für mich?

5. Normen und Werte: Ethik, Religion, Firmenkultur
- Ist das, was ich dann tun werde, sinnvoll?
- Verträgt es sich mit meinen übergeordneten Zielen, Werten, Moralvorstellungen?

Auch in diesem Modell geht es darum, Balancen zu finden, Widersprüche aufzuspüren und zu bereinigen und insgesamt eine gesunde Stimmigkeit zu erreichen.

Innere Konflikte zu managen bedeutet, seinen eigenen Stil in der Entscheidungsfindung zu leben. Oft heißt das, Geduld mit sich zu haben. Jeder Mensch ist in seinem Entscheidungsverhalten einmalig. Was dem einen als Zögern erscheint, mag für den anderen

7.2 Managing Decisions

Another possibility for clarifying within yourself what you want when you are internally torn is the role worlds model (cf. Chapter 5.3) or the identity pillars model (Fischer-Epe 2007). The latter describes five central areas of life that serve as orientation aids in decision-making situations, for example in professional developments:

> **Checklist:**
> **Decision Preparation in Professional Developments**
>
> *1. Work and performance: Successes, failures, challenges, perspectives, overloads*
> - Is the assignment interesting?
> - Will I be able to manage it?
> - What ramifications does it have for my future career?
>
> *2. Social network: Friendships, love, family, stability, separations*
> - What does this step mean for my friends and/or family?
> - How will my social environment change?
>
> *3. Body: Fitness, performance capability, self-esteem, aging*
> - Am I healthy enough for this plan? How fit do I feel?
> - How will I look after my health? What are my stress patterns?
>
> *4. Material security: Personal expectations and needs, level of personal worry*
> - How great is the material appeal?
> - What do I want to achieve materially?
> - What might I have to give up materially?
> - What does that mean for me?
>
> *5. Norms and values: Ethics, religion, company culture*
> - Does what I am going to do make sense?
> - Is it in line with my principle objectives, values and concepts of morality?

The point of this model is also to find balance, to discover and dispense with contradictions and to achieve an overall sense of healthy coherence.

Managing inner conflicts means living in accordance with one's own style in the process of decision-making. This often requires having patience with oneself. Every person is unique in their decision-making behaviour. What to one person might appear to be

als notwendige Vorüberlegung ein wichtiges Erfolgsmuster sein. Sprenger (2001) zeigt in seinem Buch „Die Entscheidung liegt bei dir" viele Alternativen auf, sich zu entscheiden und durch Entschiedenheit glücklich zu werden. Übergreifend sind zwei Aspekte wichtig:

- Alternativen suchen: Es gibt immer einen Weg und es gibt immer mehr als einen Weg. Führen Sie sich erst einmal die Alternativen vor Augen. Suchen Sie danach – auch, wenn sie nicht offensichtlich sind.
- Den Preis zahlen: Welchen Preis sind Sie bereit, für Ihre Entscheidung zu zahlen, und was gilt es loszulassen? Wovon wollen Sie sich trennen?

7.3 Emotionen erkennen und steuern

Die emotionale Seite in Konflikten wird häufig unterschätzt, obwohl jeder von uns selbst schon erlebt hat, dass er insbesondere in Stresssituationen rasch gereizt, genervt, ängstlich, wütend oder einfach unangemessen reagiert. Wissenschaftliche Untersuchungen legen nahe, dass etwa 90 Prozent unserer Entscheidungen aus dem Gefühl heraus getroffen werden und nur etwa zehn Prozent aus dem Verstand heraus. Das bekannte Eisbergmodell veranschaulicht dies (Abb. 9).

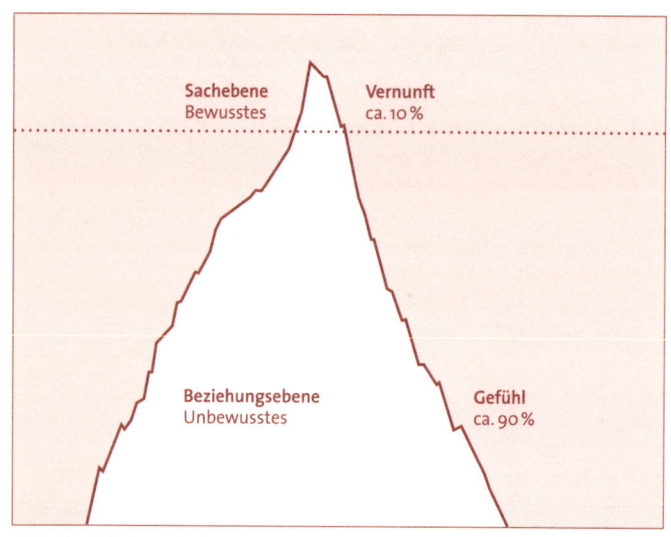

Abb. 9: Eisbergmodell

Oft ist es gar nicht möglich, einen Konflikt auf der rein sachlichen Ebene anzugehen. Der Versuch, die gefühlsbetonte Seite auszublenden, führt dann paradoxerweise zur Steigerung des Konflikts.

procrastination may for someone else well be an important success pattern in the form of necessary preliminary contemplation. In his book, "Die Entscheidung liegt bei dir" ('It's Your Decision' – 2001), Sprenger depicts numerous alternatives for making decisions and for finding contentment through decisiveness. Two aspects are important overall:

- Look for alternatives: There is always one way, and there is always more than one way. First take a look at the alternatives. Look for them – even if they are not obvious.
- Paying the price: What price are you prepared to pay for your decision and what will you have to give up? What do you want to separate yourself from?

7.3 Recognising and Controlling Emotions

The emotional side of conflicts is frequently underestimated, although all of us have experienced, particularly in stress situations, how quickly we react with irritation, annoyance, fear, anger or simply inappropriately. Scientific experiments indicate that some 90 percent of our decisions are made on the basis of emotions, with only ten percent based on our rationale. The familiar iceberg model illustrates this (Ill. 9).

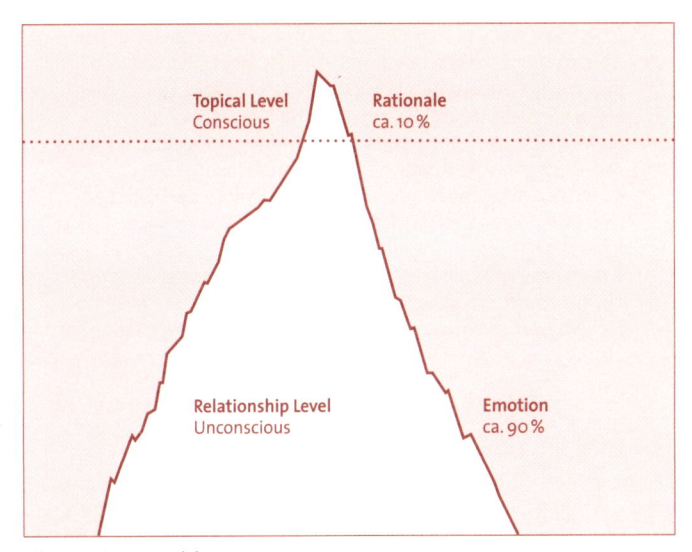

Ill. 9: Iceberg model

It is often impossible to address a conflict solely at the topical level. Paradoxically, the attempt then to suppress the more emotional side subsequently leads to the intensification of the conflict.

Eher ist es wichtig, sich darüber klar zu werden, wie stark man emotional reagiert und inwieweit man positive Gefühle aktivieren kann.

Ziel ist es, sich nicht unbewusst von Gefühlen steuern zu lassen, sondern diese wahrzunehmen, sie als Indikator für Veränderungsprozesse anzuerkennen und gut für sich zu sorgen.

Die am häufigsten und am unangenehmsten erlebten Gefühle in Konflikten sind Wut, Ärger oder Zorn, die beim Empfänger auch oft als Angriff erlebt werden. Die beiden hauptsächlichen Fragen sind hier: Wie gehe ich mit meiner eigenen Wut um? Und: Wie gehe ich damit um, wenn jemand wütend ist?

Wie gehe ich mit meiner eigenen Wut um?

„Gelassenheit siegt" – so lautet ein Buchtitel (Fey 2000). Hier einige Praxistipps zu diesem Thema:

- Bewusstheit: Werden Sie sich darüber klar, welche Situationen Sie aus der Fassung bringen. Gefühle werden verursacht durch Ihre Bedürfnisse, äußere Ereignisse sind nur Auslöser dafür (Rosenberg 2007). Je mehr Sie Impuls gesteuert auf äußere Auslöser reagieren, desto stärker sind Sie manipulierbar.
- Bedürfnisse ausdrücken: Wenn Sie die hinter dem Ärger liegenden Bedürfnisse identifiziert haben, drücken Sie diese als Ich-Botschaften aus und bitten Sie um das, was Sie brauchen.
- Stimmungen beeinflussen: Wenn Sie jemand sind, der sich oft ärgert, führen Sie regelmäßig folgende Übung durch: Lächeln Sie, wenn Sie sich ärgern, eine Minute lang.
- Sich Gutes tun: Nehmen Sie sich, wenn Sie sich geärgert haben, drei Dinge vor, die Ihnen Spaß machen.
- Adrenalin abbauen: Nutzen Sie Möglichkeiten des Abreagierens wie Joggen, Holzhacken, Boxen, Schwimmen oder Radfahren.
- Entspannung: Nutzen Sie Entspannungsmethoden und suchen Sie Ruhe und Einsamkeit, um wieder zu sich zu kommen. Üben Sie sich in Humor; Lachen ist die beste Medizin, auch bei Ärger.

Wie gehe ich damit um, wenn jemand wütend ist?

Erinnern Sie sich daran, was Ihnen selbst gut getan hat, wenn Sie ärgerlich waren? Das wichtigste bei wütenden Menschen ist es, sie ernst zu nehmen, nicht zu beschwichtigen oder zu blocken und gelassen zu bleiben, statt selbst wütend zu werden. Hier einige Praxistipps:

- Pausentechnik: Reagieren Sie nicht sofort. Schweigen Sie, halten Sie Blickkontakt und hören Sie zu. Nach drei Minuten geht den

It is instead more important to be clear within your own mind how heavily you react at the emotional level and to what extent you can activate positive emotions.

The aim is not to be unconsciously guided by emotions, but instead to acknowledge them, recognise them as an indicator for change processes and to look after yourself well.

The most frequent and unpleasantly experienced emotions in conflicts are anger, irritation or fury, which are often perceived by the recipient as an attack. The two primary questions here are, "How do I deal with my anger?" and "How do I deal with situations where someone else is angry?".

How do I deal with my own anger?

There is a book called "Gelassenheit siegt" ('Calm Wins' – Fey 2000). Here are a few practical tips on this subject:

- Consciousness: Be aware of what kinds of situations cause you to lose your composure. Emotions are induced by your needs; external events are simply their triggers (Rosenberg 2007). The more impulsively driven you react to external catalysts, the easier you are to manipulate.
- Express your needs: When you have identified needs underlying your irritation, express these as "I" messages and ask for what you need.
- Influence your moods: If you are the kind of person who is often irritated, then do the following exercise on a regular basis: Smile for one whole minute when you are irritated.
- Treat yourself: If you have been irritated, plan three things that you enjoy.
- Reduce your adrenaline: Take advantage of the possibilities for calming down such as jogging, chopping wood, boxing, swimming or cycling.
- Relax: Use relaxation methods and seek calm and solitude to regain your bearings. Practice humour; laughter is the best medicine, even for aggravation.

How do I deal with someone else's anger?

Remember what helped you when you were irritated? The most important thing with angry people is to take them seriously, not to appease or block them and to stay calm instead of becoming angry yourself. Here are some practical tips:

- Pause technique: Don't react immediately. Remain silent, maintain eye contact and listen. After three minutes, most angry people "run out of fuel" if the fire is not fed.

meisten wütenden Menschen „die Puste aus", wenn das Feuer nicht genährt wird.
- **Aktiv zuhören** (Kapitel 8.4): Versachlichen Sie den Ärger, indem Sie die Wutpunkte inhaltlich zusammenfassen und die Bedürfnisse und Wünsche formulieren, die Sie dahinter vermuten.
- **Sich entschuldigen:** An der Stelle, an der die Kritik einen berechtigten Kern hat, stimmen Sie zu: Entschuldigen Sie sich und sorgen Sie für eine sachliche Problemlösung, z.B. bei Kundenbeschwerden.
- **Ziel im Auge behalten:** Überlegen Sie sich, was Ihnen wichtiger ist: Wollen Sie mal „so richtig" explodieren oder wollen Sie Ihr Ziel erreichen?

7.4 Stress bewältigen

Wer unter Strom steht, Stress hat oder sich selbst macht, ist in der Regel nicht gut dazu in der Lage, Konflikte konstruktiv zu bewältigen.

Eine Möglichkeit, Stressursachen auf die Spur zu kommen, ist das Konzept der „Antreiber". Es beruht auf den Arbeiten von Kahler (1977, siehe auch Kreyenberg 2003, 2005). Antreiber haben einfache Namen, die ihre zentralen Eigenschaften beschreiben: *„Beeil dich"* (*„Mach schnell"*), *„Sei perfekt"* (*„Sei sorgfältig", „Sei genau", „Mache keine Fehler"*), *„Sei liebenswürdig"* (*„Gefalle mir", „Mach's mir recht"*), *„Streng dich an"* (*„Gib dir Mühe", „Gib nie auf", „Versuchen ist wichtiger als Erfolghaben"*) und *„Sei stark"* (*„Sei ungerührt", „Zeige keine Gefühle", „Lass nichts an dich herankommen"*).

Antreiber entwickeln sich als Antwort auf Stresssituationen, auf Situationen, in denen wir uns nicht wohl fühlen. Wir haben gelernt, diese Antreiber einzusetzen – mit der Hoffnung, dass es uns dann wieder gut geht. Da die Antreiber jedoch keine Grenzen und Maßstäbe haben, ist das oft ein Teufelskreislauf, der noch tiefer in den Stress führt.

Allerdings haben insbesondere im Arbeitsleben die Antreiber auch Vorteile, denn sie haben uns häufig geholfen, so zu sein, wie wir sind, und das zu erreichen, was wir erreicht haben. Sie sind sozusagen ein Teil unserer Persönlichkeit geworden und als solcher Schwäche und Stärke gleichzeitig.

Im normalen Arbeitsalltag mit akzeptablem Stresslevel zeigt sich der Antreiber als Stärke. Was jemand jahrelang geübt hat, führt ihn vielleicht zur Meisterschaft auf bestimmten Gebieten. Beispielsweise hat jemand mit einem *„Sei liebenswürdig"* eine gute Intuition, ein *„Sei stark"* bewahrt die Ruhe in schwierigen Situationen etc. Positiv gesehen werden so die Antreiber zu Persönlich-

- Active listening (Chapter 8.4): Objectify the aggravation by summarising the content of the things making the person angry and articulate the needs and wishes that you suspect underlie the anger.
- Apologise: At the point where the criticism is essentially justified, agree. Apologise and ensure a resolution of the actual problem, for example, in the case of customer complaints.
- Keep your eyes on the prize: Decide what is more important to you – having a real "blow up" or attaining your objective?

7.4 Managing Stress

Anyone who is tense or stressed, either by others or of their own doing, is generally not well suited for managing conflicts constructively.

One possibility for finding the sources of stress is the concept of "drivers", a concept based on the work of Kahler (1977, also see Kreyenberg 2003, 2005). Drivers have simple names that describe their central properties: *"Hurry up"* (*"Get a move on"*), *"Be perfect"* (*"Be thorough", "Be precise", "Don't make any mistakes"*), *"Please me"* (*"Do it well for me"*), *"Try hard"* (*"Get your back into it", "Never give up", "Trying is more important than succeeding"*) and *"Be strong"* (*"Be unmoved", "Show no feelings", "Don't let anything touch you"*).

Drivers develop as an answer to stress situations; situations in which we feel uncomfortable. We have learned to use utilise these drivers in the hope that we will then feel better. But since the drivers do not have any borders or norms, this is frequently a vicious circle that leads us deeper into stress.

Drivers do however have their benefits, particularly in our professional life, because they have often helped us to be how we are and to achieve what we have achieved. They have become a part of our personality, so to speak, and as such, they simultaneously represent both strengths and weaknesses.

In the normal day-to-day of the job with an acceptable stress level, drivers are strengths. If you practice something for years, it might lead to the 'championship' in certain areas. For example, someone with a *"Please me"* driver has good intuition, someone with a *"Be strong"* driver stays calm in difficult situations, etc. Viewed positively in this way, drivers become personality traits offering great benefits when their destructive limiting power is successfully held in check.

Konfliktlösung durch Persönlichkeitsentwicklung

keitsmerkmalen, die großen Nutzen bieten, wenn es gelingt, ihre einschränkende, destruktive Kraft aufzuheben.

Vor- und Nachteile von Antreiberverhalten

Antreiber	Vorteile	Nachteile
„Beeil dich"	• hohe Auffassungsgabe • erledigt viel in kurzer Zeit • liebt Schnelligkeit	• macht Fehler • hält Termine nicht ein • wird schnell ungeduldig
„Sei perfekt"	• arbeitet korrekt und akkurat • organisiert und koordiniert effektiv • plant im Voraus	• hat fehlende Prioriäten • keine kreativen bzw. unfertige Entwürfe • Vorschläge werden als Kritik aufgefasst
„Sei liebenswürdig"	• gute Intuition für zwischenmenschliche Beziehungen • fördert Harmonie und Zusammenhalt	• grenzt sich nicht ab • keine eigenen Standpunkte • kann schlecht Nein sagen
„Streng dich an"	• zeigt Initiative und Interesse • geht neue Projekte enthusiastisch an	• ufert aus, tut zu viel • ist am Ende von Projekten gelangweilt • der Versuch reizt mehr als der Erfolg
„Sei stark"	• bewahrt Ruhe auch in kritischen Situationen • kann unpopuläre Entscheidungen treffen • arbeitet gleichmäßig und zuverlässig	• bittet nicht um Hilfe • zeigt ungern Gefühle • achtet nicht ausreichend auf Ressourcen

Um die Vorteile der häufig genutzten Antreiber und des daraus erwachsenden eigenen Arbeitsstils zu nutzen und die Nachteile zu reduzieren, ist es oft hilfreich, sich zu gestatten, das Gegenteil dessen zu tun, was der Antreiber einem eingibt:

- *„Beeil dich"* wird zu *„Nimm dir Zeit"*.
- *„Sei perfekt"* wird zu *„Du bist gut genug, so wie du bist"*.
- *„Sei liebenswürdig"* wird zu *„Gefalle dir selbst"*.
- *„Streng dich an"* wird zu *„Tu's und habe Erfolg"*.
- *„Sei stark"* wird zu *„Sei offen und drücke deine Wünsche aus"*.

Conflict resolution

Benefits and Disadvantages of Driver Conduct

Driver	Benefits	Disadvantages
"Hurry up"	• Quick grasp of things • Accomplishes a lot in a short period of time • Loves a fast pace	• Makes mistakes • Does not comply with deadlines • Quickly becomes impatient
"Be perfect"	• Works accurately and "by the book" • Organises and coordinates effectively • Plans in advance	• Lack of priorities • No creative or unfinished ideas • Suggestions are viewed as criticism
"Please me"	• Good intuition for interpersonal relationships • Promotes harmony and sticking together	• Knows no borders • Has no viewpoints • Has trouble saying "no"
"Try hard"	• Shows initiative and interest • Approaches new projects with enthusiasm	• Overstretches, does too much • Is bored at the end of projects • The attempt is more appealing than the success
"Be strong"	• Stays calm even in critical situations • Can make unpopular decisions • Works consistently and reliably	• Does not ask for help • Does not like to show feelings • Pays insufficient attention to resources

In order to take advantage of the benefits of the most frequently used drivers and the subsequent work style while reducing the disadvantages, it is often helpful to do precisely the opposite of what the driver prescribes:

- *"Hurry up"* becomes *"Take your time"*.
- *"Be perfect"* becomes *"You're good enough just as you are"*.
- *"Please me"* becomes *"Love yourself"*.
- *"Try hard"* becomes *"Just do it and be successful"*.
- *"Be strong"* becomes *"Be open and say what you want"*.

So erhält man auch in Stresszeiten ein breiteres Handlungsspektrum.

In den heute oft so hektischen Zeiten ist es wichtig, zwischen Beschleunigen und Verlangsamen den eigenen Rhythmus zu finden. Völlig ausweichen können wir den oft widersprüchlichen und vielfältigen Anforderungen nicht. Dennoch brauchen wir Zeiten des Innehaltens zur Überprüfung unserer Ziele. Entspannung ist ein wichtiger Gegenpol zur Anspannung.

> *Entspannungsübung: Atmen Sie so lange aus, bis Sie nicht mehr können und sich ein natürlicher Einatemzug breit macht. Das entspannt in kurzer Zeit.*

8 Konfliktlösung durch Kommunikation

Wenn zwischen zwei Menschen Konflikte auftreten, liegt dem meist ein Kontakt- oder Kommunikationsproblem zugrunde. Deshalb werden in diesem Kapitel Möglichkeiten aufgezeigt, wie man im Kontakt mit dem Gegenüber Konflikte positiv ansprechen und lösen kann. Sie erfahren, wie man eine Beziehung herstellt und die Körpersprache richtig einsetzt und lernen die Regeln eines guten Dialogs und verschiedene direkte Kommunikationsmethoden (aktives Zuhören, Feedback und Metakommunikation) kennen. Anschließend geht es um den Einsatz von Humor und das Modell der „gewaltfreien Kommunikation".

8.1 Beziehung herstellen und Körpersprache einsetzen

Meinungsunterschiede werden dann konfliktär und belastend, wenn die Beziehungsebene nicht stimmt. Wir sind dann nicht mehr „auf der gleichen Wellenlänge". Das Herstellen einer guten Beziehung ist nicht nur im Arbeitsleben und in der Konfliktbehandlung wichtig, sondern es ist die zentrale und tragfähige Grundlage aller Therapien, guter Ehen, aber auch von Verhandlungen, Beratungen oder erfolgreichen Verkäufern, von Besprechungen etc.

Das Bedürfnis nach zwischenmenschlichem Kontakt ist ein sehr grundlegendes. Schon als Säugling ist es eine unserer ersten Fähigkeiten, Kontakt herzustellen: Durch einfache Gesten wie Schreien, später dann auch durch Lächeln und das Ausstrecken der Arme

This gives you a broad range of possibilities for what to do, even at stressful times.

In today's frequently hectic times, it is important to find one's own rhythm between accelerating and slowing down. We are unable to completely avoid demands that are diverse and often contradictory. But nevertheless we still need time to look inward and examine our objectives. Relaxation is an important counter-pole to stress.

> *Relaxation exercise: Exhale for as long as you can until a natural inhalation is necessary. This quickly relaxes.*

8 Conflict Resolution through Communication

When conflicts emerge between two people, then there is usually an underlying contact or communication problem. This is why this chapter depicts possibilities for how one can positively address and resolve conflicts in contact with the opposing party. You will find out how to establish a relationship, how to use body language correctly and you will become familiar with the rules of a good dialogue as well as various direct communication methods (active listening, feedback and meta-communication). In conclusion, the focus will be on using humour and the model of "nonviolent communication".

8.1 Establishing a Relationship Using Body Language

Differences of opinion become contentious and incriminating if the relationship level is not in good shape. Then we are not "on the same wavelength". Establishing a good relationship is not only important in one's professional life and in handling conflicts. It is also the central, sustainable basis for all types of therapy, good marriages and good negotiations, as well as consultations or successful sales, meetings, etc.

The need for interpersonal contact is a very fundamental one. Already as babies, one of our first abilities is that of making contact: Through simple gestures like crying, then later with laughter and reaching out the arms, babies draw attention to themselves. And

machen Säuglinge auf sich aufmerksam. Auch im späteren Leben zeichnet sich ein guter Kommunikator dadurch aus, dass er aktiv Kontakt aufnimmt und eine Bindung herstellt.

Im Wirtschaftsleben wird die Fähigkeit zur Kontaktaufnahme häufig in Form von Small-Talk-Seminaren trainiert. Plaudern, scherzen, die Etikette kennen und durch kleine Gespräche große Wirkungen erzielen – das ist eine Kunst, die es nach fachspezifischen Karrieren oft erst wieder zu erlernen gilt.

Ein guter Anfang ist es, wenn Sie Interesse am anderen zeigen und nach inhaltlichen Übereinstimmungen suchen.

Sie können z.B. auf Hobbys, Überzeugungen, Werte, Fähigkeiten, ähnliche Zugehörigkeiten Bezug nehmen und solche Angebote aufgreifen.

Guter Kontakt entsteht dadurch, dass man die gleiche Ebene findet – verbal wie nonverbal. Im Rahmen der Neurolinguistischen Programmierung (NLP) spricht man davon, Rapport herzustellen, und von Pacing (= im gleichen Schritt mit jemandem gehen). Rapport und Pacing werden von den meisten Menschen unbewusst eingesetzt und können, bewusst angewandt, den anderen dazu bringen, sich zu öffnen und zu entspannen, sodass sich die Hitze des Gefechts wieder abkühlt. Methoden für die Herstellung eines Kontakts liegen darin, den anderen körpersprachlich in seiner Art und Weise zu spiegeln und so einen positiven „Draht" zu ihm aufzubauen. Setzen Sie also Ihre Körpersprache ein, z.B. so:

- Blickkontakt herstellen: Im Zuwenden des Blicks zeigt sich Aufmerksamkeit und Interesse. Menschen sind visuelle Wesen – wir empfangen durchschnittlich ca. 80 Prozent der Informationen, die wir verarbeiten, über die Augen. So ist der Pupillenreflex ein Indikator für Interesse (große Pupillen, man spricht auch von einem Aufblitzen der Augen) oder Desinteresse (kleine Pupillen). Blickkontakt im Tempo und in der Art des anderen aufzunehmen, ist hier die Kunst.
- Körperhaltung: Hier geht es darum, ähnliche Körperhaltungen einzunehmen, indem man sich so hinsetzt oder -stellt, dass die eigene Körperposition in etwa ein Spiegelbild des anderen ist – ohne ihn jedoch nachzuäffen oder stupide zu kopieren.
- Atem: Wenn Sie im gleichen Atemrhythmus atmen oder beim Sprechen den Atemrhythmus des anderen spiegeln, kann das sogar eine hypnotische Wirkung haben.

in later life, what sets a good communicator apart is his or her ability to actively establish contact and create a bond.

In business life, the ability to establish contact is frequently trained in the form of small talk seminars. Chatting, joking, knowing the etiquette and achieving big results through small discussions – this is an art that must often first be learned, similar to learning one's own specialised occupation.

> *A good start is to show interest and look for points of agreement on substance.*

For example, you can refer to hobbies, opinions, values, abilities and similar affinities to take advantage of commonalities.

Good contact is established by finding the same level, both verbally and non-verbally. In the context of neuro-linguistic programming (NLP), one speaks of establishing rapport and pacing (= walking in step with someone else). Rapport and pacing are unconsciously deployed by most people and can, when used consciously, persuade the other person to open up and relax to cool down the "heat of battle". Methods for establishing contact with someone consist of reflecting the manner of the other person's body language in order to establish a positive "line" to them. So utilise your body language, for example like this:

- Establish eye contact: Turning your gaze to someone indicates attention and interest. Humans are visual creatures – we receive an average of around 80 percent of the information that we process through our eyes. Pupil reflex is an indicator of interest (large pupils, one speaks of a "twinkle in the eye") or disinterest (small pupils). The secret here is to establish eye contact in the tempo and manner of the other person.
- Physical posture: The point here is to assume a posture similar to that of the other person by sitting or standing in such a way that your own posture more or less mirrors that of the other, but without imitating or copying them.
- Breath: When you breathe in the same rhythm or mirror the breathing rhythm of the other person when you are speaking, it can even have a hypnotic effect.
- Language: Adapting to the speaking style of the other person is done via the choice of vocabulary (expert lingo, the same or similar key words and favourite words and general expressions), the

- **Sprache:** Eine Anpassung im Sprachstil erfolgt über die Wortwahl (Expertensprache, gleiche oder ähnliche Schlüssel- und Lieblingswörter und allgemeine Ausdrücke), das Repräsentationssystem (visuell, auditiv, kinästhetisch) und die Sprechweise (Tonlage, Lautstärke, Geschwindigkeit, Sprachrhythmus).
- **Mimik, Gestik:** Mimik (z.B. Lachen, Bestürzung) kann direkt gespiegelt werden. Gesten können ebenfalls angepasst werden, allerdings sollte dies vorsichtig geschehen: nicht direkt, sondern zeitversetzt oder indirekt (z.B über Kreuz).

8.2 Aktives Zuhören und Spiegeln

Die nächste Stufe der Empathie, des Mit- und Einfühlens in andere, ist das aktive Zuhören, auch Paraphrasieren oder Spiegeln genannt (Gordon 2005, Thomann 2002). Es bedeutet ein einfühlendes Zuhören, bei dem man zu verstehen versucht, was das Gegenüber fühlt und ausdrücken möchte, und dabei das Gesagte wiederholt. Dafür kann man z.B. diese Formulierungen nutzen:

- *„Wenn ich Sie richtig verstanden habe …"*
- *„Sie wollen also …"*
- *„Das hört sich an, als würden Sie sich ärgern …"*

Insbesondere in verfahrenen Situationen, in denen die Beteiligten immer und immer wieder ihre Argumente wiederholen, weil sie sich nicht verstanden fühlen, oder wenn Vielredner kein Ende finden, ist das aktive Zuhören eine hervorragende Technik, um wieder auf eine gute Beziehungs- und Sachebene zurückzukehren.

Normalerweise bringen wir in ein Gespräch unsere Meinungen und Erfahrungen ein. Beim aktiven Zuhören ist das anders: Man lässt den anderen reden und schweigt und fasst das von ihm Gesagte dann so zusammen, wie man es verstanden hat. Das hört sich zunächst eher passiv an, ist aber äußerst aktiv, weil man

- sich voll und ganz auf die Aussage des anderen konzentriert,
- spontane Reaktionen aktiv unterlässt,
- kontrolliert, ob man den anderen richtig verstanden hat, indem man seine Aussage kurz und knapp zusammenfasst,
- insbesondere Schlüsselbegriffe wiederholt,
- auch die Gefühlsebene anspricht. Dabei ist es nicht so wichtig, den Gefühlszustand genau zu treffen, sondern ihn überhaupt zu thematisieren.

Aktives Zuhören ermutigt das Gegenüber dazu, mehr zu erzählen. Das Gespräch gewinnt an Tiefe und die berichtende Person wird ruhiger.

representation system (visual, auditive, kinaesthetic) and the manner of speaking (pitch, volume, speed, rhythm of speech).
- Facial expression, gesticulation: Facial expressions (for example laughing, consternation) can be mirrored directly. Gestures can equally be adapted, but this should be approached carefully: Not directly, but instead indirectly or with a time delay (e.g. crossing one's legs).

8.2 Active Listening and Reflecting

The next level of empathy, comprised of sympathising and empathising with others, is active listening, also known as paraphrasing or reflecting (Gordon 2005, Thomann 2002). It signifies empathetic listening in which one attempts to understand what the other person is feeling and wants to express, repeating what they have said in the process. One can use phrasing like below, for example:
- *"If I've understood you correctly ..."*
- *"So you want to ..."*
- *"It sounds like you're irritated ..."*

Active listening is an excellent technique for returning to a good relationship and topical level, particularly in dead-end situations where the participants always repeat their arguments because they do not feel like they are being understood, or when 'motormouths' dominate the dialogue.

We generally insert our opinions and experiences into a discussion. Things are different with active listening: You remain silent and allow the other person to talk, summarising what he/she has said as you have understood it. While this might initially sound more passive, it is in fact extremely active because you
- concentrate completely on the other person's statements,
- refrain from expressing spontaneous reactions,
- control whether or not you have accurately understood what the other person has said by briefly summarising their statements,
- repeat key phrases in particular,
- also appeal to the emotional level, although it is not as important to comprehend the emotional state precisely as it is to address it at all.

Active listening encourages the other person to say more. The discussion gains depth and the person speaking becomes calmer.

8.3 Ich-Botschaften und Feedback geben

Eine Strategie, die Konflikte aufheizt und die oft unbewusst angewandt wird, sind Du-Botschaften, die vom Adressaten als Vorwurf oder Angriff wahrgenommen werden. Auch Formulierungen wie „man" oder „wir" beziehen den anderen ungefragt mit ein und verbrämen die eigenen Ansichten mit einem Schutzschild von Allgemeinheiten. Um solchen negativen Phänomenen aktiv entgegenzutreten, ist es günstig, Ich-Botschaften einzusetzen. Eine Ich-Botschaft besteht aus einem Tatsachenteil (Information) und einem Gefühlsteil (Emotion). Sie ist eine Meinungs- oder Gefühlsäußerung in einer angriffsfreien, offenen Form, die in der Konfliktlösung als Kooperationsangebot hilfreich ist.

> **Beispiel**
>
> *Statt sein Anliegen in die Du-Botschaft „Unterbrechen Sie mich doch nicht ständig!" zu kleiden, würde die entsprechende konfliktvermeidende Ich-Botschaft lauten: „Im letzten Meeting haben Sie mich dreimal unterbrochen. Ich fühle mich unsicher, weil ich dann den Faden verliere. Könnten Sie mich bitte ausreden lassen?"*

Die Ich-Botschaft hat sich auch für das Geben von Feedback bewährt. Es dient dazu, dem Gegenüber eine Information darüber zu geben, wie sein Verhalten ankommt. Ziel ist es, die Beziehung zu klären und eine sachliche Problemlösung zu fördern.

Bevor Sie ein Feedback geben, ist es wichtig, dass Sie zunächst die Bereitschaft des Gegenübers dazu erfragen und sicherstellen, dass er das Feedback hören möchte. Dann erfolgt das Feedback wie in Abbildung 10 dargestellt. Außerdem hat Feedback in der Regel das Ziel, einen Dialog einzuleiten (vgl. Kap. 8.4). Aus diesem Grund ist die abschließende Kontrollfrage *„Wie sehen Sie das?"* eine gute Einleitung in ein Gespräch.

> **Feedback als Ich-Botschaft formulieren**
>
> 1. Wahrnehmung (ZDF – Zahlen, Daten, Fakten):
>   *„Ich nehme wahr, höre, bekomme mit ..."*
> 2. Wirkung und/oder Gefühl:
>   *„Ich erlebe, empfinde, denke mir, ziehe die Schlussfolgerung ..."*
> 3. Wunsch/Bitte:
>   *„Ich wünsche mir, würde empfehlen ..."*

Damit ein Feedback vom Empfänger als konstruktiv erlebt wird und eine Chance hat, anzukommen, muss es „undramatisch" sein,

8.3 Providing "I" Messages and Feedback

One strategy that heats up conflicts and is often used unconsciously consists of "You" messages that are perceived by the recipient as accusations or attacks. Also phrases such as "one" or "we" involuntarily include the other party and embellish one's own views with a protective shield of generalisation. "I" messages are an effective means of actively countering negative phenomena. An "I" message consists of one part fact (information) and one part feeling (emotion). It is an open form of expressing an opinion or feeling without making an attack, and it is helpful in conflict resolution as an offer of cooperation.

> **Example**
>
> *Instead of cloaking one's concern in the "You" message, "You stop interrupting me all the time!", the corresponding, non-confrontational "I" message would go something like, "In the last meeting, you interrupted me three times. That undermines my confidence because then I lose my train of thought. Could you please allow me to finish what I'm saying?"*

The "I" message has also proven effective in giving feedback. It serves in providing the other person with information about the impression their behaviour makes. Its aim is to clarify the relationship and to promote a topical resolution of the problem.

Before giving someone feedback, it is important to ask whether the other person is willing to listen and to ensure that he or she actually wants to hear your feedback. Then the feedback is conveyed as depicted in Illustration 10. In addition, feedback is generally aimed at initiating a dialogue (cf. Chapter 8.4). For this reason, the closing control question, *"How do you see it?"*, is a good introduction into a discussion.

> **Formulating Feedback as "I" Messages**
>
> 1. Perception (FDF – Figures, Dates, Facts):
>   "I perceive, am listening, have heard …"
> 2. Effect and/or feeling:
>   "I find, feel, think, conclude …"
> 3. Wish/request:
>   "I wish, I would recommend …"

For feedback to be taken as constructive by the recipient and to have a chance of being accepted, it has to be 'undramatic' by being

indem es „kurz und knackig" erfolgt (maximal zwei bis drei Sätze als Einstieg), einfach und klar formuliert wird, nicht abwertend oder beleidigend daherkommt und zeitnah gegeben wird.

8.4 Einen Dialog führen und Blockaden vermeiden

Das Wort „Dialog" kommt vom griechischen „Dia" (durch) und „Logos" (Wort, Wortsinn). Ein Dialog ist ein Austausch, der auch zwischen mehr als zwei Personen stattfinden kann. Bohm (1998) spricht auch von einem freien Sinnfluss, der unter uns, durch uns hindurch und zwischen uns fließt. Oft wird Dialog gleichgesetzt mit Diskussion, das vom Wortstamm her aber „zerschlagen, zerteilen, zerlegen" bedeutet.

Kriterien für einen echten Dialog

- Vorher kein Ergebnis festlegen.
- Die Haltung eines Lernenden einnehmen.
- Die Haltung eines Besuchers einnehmen, der beim Gegenüber ein willkommener Gast ist.
- Eigene Glaubenssätze in Frage stellen, sich nicht mit einer Meinung identifizieren.
- Möglichst viele Sichtweisen einbeziehen.
- Andere Meinungen nicht bewerten.
- Zuhören und nicht unterbrechen.
- Auf Gleichheit der Sprachanteile und der Wertigkeit achten.
- Radikalen Respekt zeigen.
- Absichtslos, spielerisch und entspannt vorgehen.
- Einfache, aufrichtige, erkundende Fragen stellen.
- Das eigene Denken beobachten.

„Wann aber können Sie sicher sein, ob es ein echter Dialog war? Wenn Sie aus dem Gespräch anders herauskommen, als Sie hineingingen." (Sprenger 1992, S. 165). Das wollen Menschen oft vermeiden, sie wollen sich nicht verändern und blockieren den Dialog. Dialogblockaden sind Sperren zwischen dem Ich und dem Du, ein Energiestau, eine dysfunktionale Dynamik. Grundlage sind innere Abwertungen, Konflikte und Denkfehler, die sich dann äußerlich z.B. durch folgende Verhaltensweisen beobachten lassen (vgl. Kohlrieser 2006):

Dialogblockaden

- Nichts tun, Passivität, keine Beteiligung am Gespräch.
- Abwerten, runtermachen, schlecht machen.

'brief and to the point' (a maximum of two to three sentences to start with), simple and clearly phrased, not seeming to be deprecating or insulting and it must be provided within a reasonable period of the actual event or matter that you are commenting on.

8.4 Conducting Dialogue and Avoiding Blockages

The word "dialogue" comes from the Greek "Dia" (through) and "Logos" (word, literal sense). A dialogue is an exchange that can take place between two or more persons. Bohm (1998) also speaks of a free flow of meaning that passes among us, through us and between us. Often, "dialogue" is equated with "discussion", but the origin of discussion actually means "to break up, to fragment, to take apart".

Criteria for a Genuine Dialogue

- Do not fix a result in advance.
- Assume the posture of someone who is learning something.
- Assume the posture of a visitor who is a welcome guest of the other discussion party.
- Question your own dogmas, do not identify with one opinion.
- Include as many viewpoints as possible.
- Do not judge other opinions.
- Listen and do not interrupt.
- Maintain equality in the proportional sharing of talking time and value perception.
- Show respect to radicals.
- Proceed with no motives in a playful and relaxed manner.
- Pose simple, sincere, inquisitive questions.
- Observe your own thoughts.

"When can you tell that you've had a genuine dialogue? When you come out of the discussion differently to how you went into it." (Sprenger 1992, p. 165). People often want to avoid this, they block the dialogue because they don't want to change themselves. Dialogue blockages are barriers between the "I" and the "you", with blocked energy representing dysfunctional dynamics. Such barriers are based in inner depreciations, conflicts and logic errors that can then be observed externally in behaviours such as those in the examples below (cf. Kohlrieser 2006):

Dialogue Blockages

- Doing nothing, passivity, no participation in the discussion.
- Discounting, putting down, criticising.

- Rationalisierung (da versucht dann jemand, den anderen mit Argumenten zu erschlagen und rhetorisch gewandt zu überzeugen, ohne in Kontakt zu sein).
- Emotionalisierung, z.B. Erpressung durch unechte Tränen.
- Verschlossenheit und mangelnde Aufrichtigkeit bis hin zu Misstrauen (es wird dann nicht direkt, sondern über Umwege – z.B. Medien, Dritte – miteinander gesprochen).
- Aussagen umdeuten, interpretieren.
- Vorwürfe, Belehrungen und Appelle, die nur der eigenen Sache dienen.
- Kausalitätsstreitigkeiten, in denen über Ursache und Wirkung gestritten wird, z.B. *„Das tue ich nur, weil du damals ..."*, und in denen ggf. auch zeitliche Abfolgen verwechselt werden. Hierzu zählt es auch, nicht stimmige Zusammenhänge herzustellen.
- (Maßloses) Übertreiben, z.B. durch extreme Schlussfolgerungen, indem z.B. Aussagen aus dem Zusammenhang gegriffen und übertrieben werden.
- Verallgemeinern, zu abstrakt und unkonkret bleiben.
- Zu detailliert sprechen, sich verlieren.
- Machtspiele spielen.

Vermeiden Sie diese Blockaden in Konfliktgesprächen. Was sich kurzfristig wie ein Schutz anfühlt, schadet langfristig der Beziehung und steht der Zielerreichung im Wege.

Beispiel

Statt zu sagen „Man könnte ja gleich wieder immer alles anders machen wollen" (Übertreibung, Abwertung, Verallgemeinern) würde ein offener Dialog beginnen mit: „Ich verstehe diese kurzfristige Änderung nicht. Was ist der Grund dafür?"

8.5 Metakommunikation nutzen

Wenn die Kommunikation im Kreis verläuft oder auf der Stelle tritt, in Sackgassen oder verfahrenen Konflikten können Sie zu einer Methode greifen, die die Art und Weise, wie man miteinander umgeht, zum Gesprächsthema macht. Das kann zu Aha-Effekten führen und zu einem neuen Verständnis für den anderen.

Voraussetzung dafür ist, dass Sie selbst in der Lage sind, Abstand zu wahren und eine Vogelperspektive einzunehmen. Wenn das nicht funktioniert, setzt sich der Streit schnell im Gespräch über das Gespräch/den Konflikt fort.

Bevor Sie auf die Metaebene gehen, sollten Sie daher eine kleine innere oder äußere Pause einlegen.

- Rationalisation (someone tries to defeat and persuade the other person with arguments and rhetorical skills without being in contact).
- Emotionalisation, for example, blackmail through 'crocodile tears'.
- Withdrawal and a lack of sincerity extending all the way up to mistrust (dialogue is then not direct, but instead goes through detours such as the media or third parties, for example).
- Interpretation and reinterpretation of statements.
- Accusations, cautionary instructions and appeals solely in one's own interest.
- Causal disputes over cause and effect, for example, "I only do that because back then you did …", and in which time sequences might also be mistaken or manipulated. This also includes not creating coherent correlations.
- (Excessive) exaggeration, for example in the form of extreme conclusions where statements are taken out of context and exaggerated.
- Generalising, being too abstract and unspecific.
- Speaking in so much detail that one loses oneself.
- Playing power plays.

Avoid these blockages in conflict discussions. What might feel like protective armour in the short-term can do long-term damage to the relationship and is an obstacle to achieving your objective.

Example

Instead of saying "Oh sure … you can always just want to change everything around again completely" (exaggeration, deprecation, generalisation), an open dialogue would begin with "I don't understand this change at short notice. What's the reason?"

8.5 Using Meta-communication

If communication is going around in circles or is simply stuck, you can approach dead-end conflicts with a method that questions the manner of dealing with one another. This can lead to "aha" effects and to a new understanding for the other party.

This method requires that you are able yourself to step back and assume a 'bird's-eye view' perspective. If that doesn't work, then the dispute quickly continues in a discussion about the discussion/the conflict.

> *Before moving to the meta-level, it is advisable to take a small internal or external break.*

Erst dann sollten Sie die Metakommunikation einleiten, indem Sie z.B. sagen:
- „Ich habe den Eindruck, dass wir uns im Kreis drehen / so nicht weiterkommen / ... Lass uns doch einmal schauen, wie wir da wieder rauskommen."
- „Wenn ich da jetzt einen Schritt zurückgehe, sehe ich ..."
- „Ich würde das Problem gerne gemeinsam mit Ihnen lösen – könnten wir da mal eine Pause machen und neu beginnen?"

Zum Schluss noch eine Warnung: Sprechen Sie nicht ständig auf der Metaebene. Das könnte als Manipulation oder Ausweichen verstanden werden.

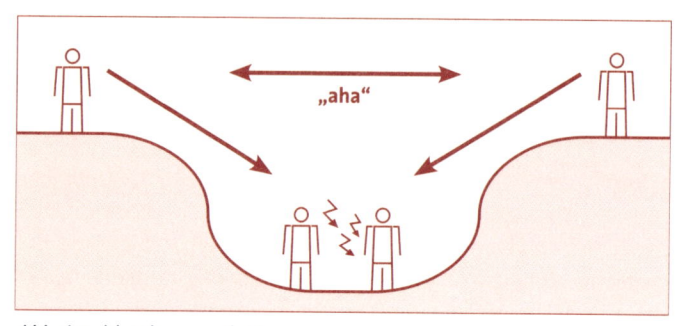

Abb. 10: Metakommunikation

8.6 Humor einsetzen

Ein menschlicher Verarbeitungsmechanismus für unangenehme Situationen ist Humor. In Konfliktsituationen hat Humor die Funktion,
- für Abstand und Entlastung zu sorgen (wer über sich und sein Schicksal lachen kann, leidet weniger),
- die Abwehr zu stärken – auch körperlich,
- Kontakt herzustellen (Lachen verbindet!),
- die Perspektive zu wechseln und zu lernen (Holtbernd 2002).

Doch bei Menschen in Konfliktsituationen liegen die Nerven oft blank. Der Einsatz von Humor zur Konfliktlösung erfordert Fingerspitzengefühl, Behutsamkeit und Gespür für die Situation.

Für humorvolle Interventionen gelten vier Grundregeln:
- Niemals über, immer mit den Menschen lachen.
- Über sich selbst lachen können.
- Humor auf die Situation einstellen können.
- Nicht auf abwertende Witze und Galgenlachen einsteigen.

Only afterwards should you then introduce meta-communication by saying something along the lines of:
- *"I have the impression that we're going round in circles / not making any progress / ... let's have another look at how we can move forward."*
- *"When I take a step back now, I see ..."*
- *"I'd really like to solve this problem with you together – could we take a short break and then start again?"*

In conclusion, a warning: Refrain from talking at the meta-level all the time, as it could be interpreted as manipulation or evasion.

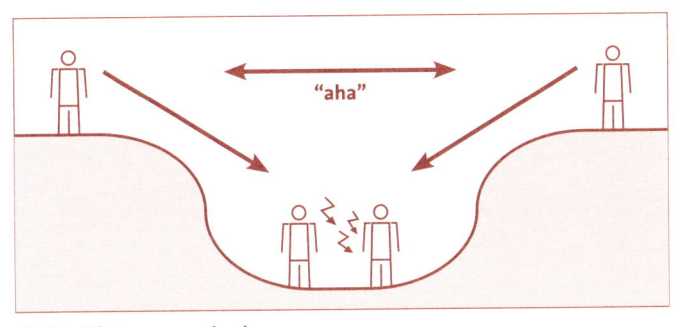

Ill. 10: Meta-communication

8.6 Using Humour

Humour is a personal processing mechanism for unpleasant situations. In conflict situations, humour serves
- in ensuring distance and relief (anyone who can laugh at themselves and their fate suffers less),
- in strengthening one's defences – even physically,
- in establishing contact (laughter bonds!),
- in altering the perspective and learning (Holtbernd 2002).

But people in conflict situations often have exposed nerves. Using humour in conflict resolution requires a sensitive touch, caution and a good sense of the situation.

There are four basic rules for humorous interventions:
- Never laugh at people; laugh with them.
- Be able to laugh at yourself.
- Be able to adapt humour to the situation.
- Do not revert to deprecating jokes and 'gallows humour'.

Gewaltfreie Kommunikation

Die Lehre der „gewaltfreien Kommunikation" (GFK) nach Rosenberg (2007) beschäftigt sich mit der Frage, wie es kommt, dass Menschen sich gewalttätig verhalten, und wie es wiederum anderen Menschen gelingt, selbst unter schwierigsten Bedingungen einfühlsam zu bleiben.

Die GFK ist eine ganzheitliche Methode, die sich darauf gründet, dass es Bestandteil der menschlichen Natur ist, gerne etwas für unser Wohlergehen und das anderer zu tun, und dass wir uns wieder auf diese Fähigkeit zurückbesinnen müssen. Ziel ist es, unser Einfühlungsvermögen wiederzuentdecken.

Die Methodik der GFK besteht aus vier Stufen:

1. **Beobachtungen und Bewertungen trennen.** Zuschreibungen und Werturteile führen meist nicht dazu, dass wir erhalten, was wir brauchen, sondern entwickeln sich zu sich selbst erfüllenden Prophezeiungen. Die Kunst besteht darin, Verhalten möglichst konkret und klar zu beschreiben.
2. **Gefühle ausdrücken.** Wenn wir unsere Gefühle nennen, ist es wichtig, diese nicht auf das Tun des anderen zurückzuführen. Die Handlungen anderer können immer nur ein Auslöser für unsere Gefühle sein; ihre Ursache sind unsere Bedürfnisse. Wir fühlen etwas, weil wir etwas brauchen, nicht weil der andere etwas tut.
3. **Bedürfnisse nennen.** Die eigentliche Verbindung zum anderen wird hergestellt, indem wir sagen, was wir wirklich brauchen, denn menschliche Bedürfnisse ähneln sich überall auf der Welt und sind für das Gegenüber verständlich. Vorwürfe und Urteile sind ungeschickte Bedürfnisäußerungen.
4. **Bitten äußern.** Wenn wir uns etwas von einer anderen Person wünschen, ist es wichtig, dabei zwei Fragen im Auge zu behalten:
   - Was (welche Handlung ...) wünschen wir uns von der anderen Person? Eine Bitte muss konkret, positiv und handlungsorientiert formuliert sein. Sie darf keine negativen Formulierungen enthalten.
   - Aus welchen Beweggründen heraus soll uns die andere Person die Bitte erfüllen? Wenn jemand Dinge aus Pflichtgefühl, Scham, Schuld oder Angst für uns tut, müssen wir irgendwann einmal dafür zahlen. Bitten unterscheiden sich von Forderungen durch die Art und Weise, wie wir unser Gegenüber behandeln, wenn er/sie unsere Bitte nicht erfüllt.

Nonviolent Communication

According to Rosenberg (2007), the lessons of "non-violent communication" (NVC) address the question of why some people behave violently while others can remain empathetic even under the most difficult conditions.

NVC is a holistic method based on the theory that doing something good for others and for ourselves is a component of human nature and that we have to recapture this ability. It is aimed at rediscovering empathy for others.

The methodology of NVC consists of four stages:

1. **Separating observations and judgements.** Assigning blame and making value judgments usually does not lead to us receiving what we need. Instead they become self-fulfilling prophecies. The key is describing behaviour as specifically and clearly as possible.
2. **Expressing feelings.** When we state our feelings, it is important not to attribute this to the actions of the other party. The actions of others can always only serve as a trigger for our feelings; their causes are our needs. We feel something because we need something, not because of something the other person does.
3. **Stating our needs.** The actual connection to the other party is established by us saying what we really need, because human needs are similar all over the world and are understandable for the other person. Accusations and judgements are ill-advised ways of expressing needs.
4. **Expressing requests.** When we want something from another person, it is important to keep two questions in mind:
   - What (what action ...) would we like from the other person? A request must be phrased in a way that is specific, positive and negotiation-orientated. It may not be phrased negatively.
   - What motives are there for the other person to fulfil our request? If someone does something for us out of a sense of duty, shame, guilt or fear, then we have to pay for it later one way or another. Requests differ from demands in the nature of how we treat the other person if they do not fulfil the request.

9 Konfliktlösung durch Teamentwicklung

Für die Bewältigung von Konflikten in Teams sind alle in Kapitel 8 vorgestellten Kommunikationsmethoden nützlich. Darüber hinaus werden im Folgenden einige Methoden aufgeführt, die speziell für Teams hilfreich sind: in erster Linie eine wirksame Teamführung sowie das Vereinbaren von Spielregeln und das systemische Fragen. Darüber hinaus werden Möglichkeiten erörtert, das Team visuell darzustellen.

9.1 Wirksam führen und Teamspielregeln vereinbaren

Es gibt zahllose Theorien über Führung, Führungsstile, Führungsaufgaben, Führungskompetenz. Die geläufigste Unterscheidung wird getroffen zwischen autoritärem (Zwang und Gehorsam), patriarchalischem (väterlich wohlwollend bis strafend), „Laisser-faire" (Gleichheit, laufen lassen) und kooperativem Führungsstil (Integration von Sachzielen und Mitarbeiterbedürfnissen), die je nach Situation, Persönlichkeit und Erfahrung der Führungskraft und auch abhängig von der Unternehmensentwicklung angewandt werden (siehe z.B. Oppermann-Weber 2001). Hochgehalten wird dabei traditionell der kooperative und situationsgerechte Führungsstil.

Ein Anhaltspunkt für wirksame Führung findet sich bei Goleman (2000, 2005): In einer breit angelegten Untersuchung wurden sechs Führungsstile identifiziert, die auf unterschiedlichen Quellen emotionaler Intelligenz beruhen. Die Führungsstile werden den erfahrenen Praktiker nicht überraschen. Genannt werden hier (in der Reihenfolge ihrer Wirksamkeit auf Betriebsklima und Unternehmenserfolg):

1. Charismatische Führungskräfte, die Menschen mit einer Vision motivieren (engl. „Visionary", „Authoritative").
2. Beziehungsorientierte Führungskräfte, die eine emotionale Verbindung und Harmonie erschaffen (engl. „Affiliative").
3. Demokratische Führungskräfte, die Konsens durch Beteiligung erzielen (engl. „Democratic").
4. Beratende Führungskräfte, die die Menschen für die Zukunft weiterentwickeln (engl. „Coaching").
5. Richtungsgebende Führungskräfte, die Exzellenz und Selbststeuerung erwarten (engl. „Pacesetting").
6. Befehlende Führungskräfte, die unmittelbare Gefolgschaft verlangen (engl. „Coercive", „Demanding").

9 Conflict Resolution through Team Development

All of the communication methods presented in Chapter 8 are useful in the settlement of conflicts in teams. In the following section, some additional methods are depicted that are especially helpful for teams. They consist primarily of effective team management and the agreement of rules and systemic questioning. In addition, there are explanations of the possibilities for visually depicting the team.

9.1 Effective Management and Agreeing on Team Rules

There are innumerable theories about leadership, management styles, management duties and management skills. The most common differentiation is made between authoritarian (coercion and obedience), patriarchal (fatherly, from benevolent to punitive), 'Laisser-faire' (unconcerned, 'let things run') and cooperative management styles (integration of specific objectives and employee needs), all of which are applied according to the situation, the personality and experience of the manager and also depending upon the company development (see Oppermann-Weber 2001, for example). Traditionally, the cooperative, situation-based management style is emphasised and favoured by experts.

Goleman (2000, 2005) has one pointer for effective management: In a broad study, six management styles are identified that are rooted in different sources of emotional intelligence. The management styles will be no surprise to experienced practitioners. The ones specified here (in the order of their effectiveness on the work climate and company success) are:

1. Visionary leader who motivate people with a vision ("visionary", "authoritative").
2. Affiliative leader who create an emotional bond and harmony ("affiliative").
3. Democratic leader who attain consensus through participation ("democratic").
4. The Coach who further develop their people for the future ("coaching").
5. Pacesetting leader who expect excellence and self-guidance ("pacesetting").
6. Commanding leader who demand direct obedience ("coercive", "demanding").

Konfliktlösung durch Teamentwicklung

Eine wesentliche Erkenntnis dieser Studie ist:

Nicht ein bestimmter Stil, sondern das situationsgerechte und flexible Anwenden verschiedener Stile macht die erfolgreichste Führungskraft aus.

Deshalb ist es insbesondere wichtig zu wissen, mit welchem Stil Konflikte eher provoziert und mit welchem Stil Konflikte gelöst oder sogar vermieden werden können:

Führungsstile und Konfliktstile

Führungsstil	Konfliktwahrscheinlichkeit	Einflussgröße auf Konflikte
Charismatisch – „Leader"	↘	Gemeinsames Interesse, Ziele, Vision, Begeisterung
Beziehungsorientiert – „Freund"	↘	Gute Beziehung, offene Aussprache, Feedbackkultur
	↗	Scheinharmonie, verdeckte Konflikte und Gruppendynamik
Demokratisch – „Moderator"	↘	Schlichten, Einbeziehung, Beteiligung
	↗	Orientierung, Ziele und Ausrichtung fehlen, Unsicherheit, Gerüchteküche
Beratend – „Coach"	↘	Konflikte als Chance, aktiv herbeigeführte Auseinandersetzung, Reibung erzeugt Energie
Richtungsgebend – „Vorreiter"	↗	Misstrauenskultur, Neid, Menschen und Beziehungen werden vernachlässigt
Befehlend – „General"	↗	Zwang, Druck, unterschwellige Konflikte, Feindschaft, Konkurrenz, langfristige Schädigung, Krieg

Wie die Erläuterungen zur Gruppendynamik (Kapitel 5.5) verdeutlicht haben, brauchen Teams neben wirksamer Führung klare Spielregeln, um aus der Phase des „Storming", auch Nahkampfphase genannt, herauszukommen und ihre Beziehungen zu klären. Mögliche Spielregeln können beispielsweise wie folgt lauten:

Conflict resolution through team development

One significant finding of this study is:

> *It is not one particular style, but rather the situation-based, flexible application of different styles that distinguishes the most successful managers.*

It is therefore important to know what styles are more likely to provoke conflicts and which ones can be used to resolve or even avoid conflicts:

Management Styles and Conflict Styles

Management style	Conflict probability	Level of influence on conflicts
Charismatic – "leader"	↘	Mutual interest, objectives, vision, enthusiasm
Relationship-orientated – "friend"	↘	Good relationship, open communication, feedback culture
	↗	Apparent harmony, concealed conflicts and group dynamics
Democratic – "moderator"	↘	Mediation, inclusion, participation
	↗	Lack of orientation, objectives and direction; insecurity, 'rumour's mill'
Advisory – "coach"	↘	Conflicts as an opportunity, actively initiated confrontation, friction creates energy
Directive – "pioneer"	↗	Mistrust culture, envy, people and relationships are neglected
Commanding – "general"	↗	Coercion, pressure, underlying conflicts, enmity, competition, long-term damage, war

As the comments on group dynamics (Chapter 5.5) illustrated, along with effective management, teams also need clear rules in order to emerge anew from the "storming" phase, also known as the "hand-to-hand combat" phase, and clarify their relationships. Some examples of possible rules are indicated here:
- "Every man for himself", individual responsibility for one's own learning and actions.

- Jeder ist für sich, sein Lernen und sein Tun verantwortlich.
- Wertschätzung und Respekt stehen an erster Stelle.
- Jeder hat (subjektiv) zu 100 Prozent Recht.
- Alle bemühen sich, Ich-Botschaften statt Man- oder Wir-Aussagen zu verwenden.
- Verbindlichkeit (z.B. Termineinhaltung) ist oberstes Gebot.
- Störungen werden angesprochen.
- Grenzen werden benannt.
- Man hört einander zu und lässt einander ausreden.
- Man bietet einander Anregungen und Unterstützung und kann beides auch erbitten.
- Man gibt einander konstruktives positives Feedback und kann es auch erbitten.
- Im Falle von Kritik werden Sache und Person getrennt.
- Positionen werden fair ausgetauscht.
- Bei Konflikten mit starker Emotionalität oder im Falle persönlicher Eskalation bricht man das Gespräch ab und vertagt es; ggf. sucht man jemanden, der vermitteln kann.

9.2 Systemisch fragen

Systemische Fragen werden von systemischen Organisations- bzw. Konfliktberatern und Mediatoren eingesetzt. Ihr Ansatz ist es, den Konflikt unter Berücksichtigung der Komplexität und Vernetzung von Organisationen in seinen Kontext einzubetten. Systemische Fragen haben folgende Funktionen:

- Durch eine nicht-wertende Formulierung wird eine neutrale Haltung erleichtert. Durch Fragen kann man Informationen erhalten und die Kompetenz, Autonomie und Entscheidungsfähigkeit des Teams unterstützen.
- Aufeinander bezogene Verhaltensweisen der Beteiligten werden sichtbar und erhöhen das Gefühl von Verantwortung.
- Es werden Unterschiede sichtbar, die anregend wirken. Die Energie wird dadurch vom Problem- in den Lösungsbereich bewegt.

Folgende systemische Fragetypen können unterschieden werden:

Zielfragen

Zielfragen dienen der Gestaltung von Vereinbarungen und der Ausrichtung von Beratungen auf bestimmte Ergebnisse. Sie werden meist zu Beginn einer Konfliktberatung gestellt oder auch bei der Überprüfung oder Neugestaltung von Verträgen. Beispiele:
- *„Wenn Sie in zwanzig Jahren auf diesen Konflikt zurückschauen werden, was werden Sie im Erfolgsfalle darüber erzählen?"*

- Appreciation and respect are the top priority.
- Everyone is (subjectively) 100 percent correct.
- Everyone makes an effort to use "I" messages instead of "one" or "we" statements.
- Commitment (for example, deadline compliance) is the first commandment.
- Disruptions are discussed.
- Borders are specified.
- Members listen to each other and allow others to finish speaking.
- Members offer each other suggestions and support and can also ask for such.
- Members give each other constructive, positive feedback and can also ask for such.
- The person and the topic are separated when criticism is expressed.
- Viewpoints are exchanged fairly.
- In highly emotional conflicts or in the case of personal escalations, the discussion is halted and rescheduled; if necessary, someone is sought who can mediate.

9.2 Systemic Questions

Systemic questions are utilised by systemic consultant, conflict consultant and mediators. Their approach is to embed the conflict in its context under consideration of the complexity and interrelation of organisations. Systemic questions have the following functions:

- A non-judgemental way of phrasing the question makes it easier to adopt a neutral posture. Using questions, one can receive information and support the competence, autonomy and decision-making capability of the team.
- Interrelated behavioural modes of the participants become apparent and increase the feeling of responsibility.
- Differences that have a stimulating effect become tangible. This transfers the energy from the problem sector to the resolution sector.

The following systemic question types can be distinguished:

Target questions
Target questions serve in the arrangement of agreements and the orientational focus of consultations on specific results. They are generally posed at the start of a conflict consultation or possibly in

- *„Wenn ein Mitarbeiter/Kollege mit diesem Problem zu Ihnen käme, was würden Sie ihm dann raten zu unternehmen?"*

Zirkuläre Fragen

Damit sind Fragen gemeint, die Beziehungen sichtbar machen. So können Konfliktmuster ohne die Gefahr eines Vorwurfs oder einer Anschuldigung bewusst und handhabbar gemacht werden. Beispiele:
- *„Angenommen, ich würde Ihren Kollegen/Kunden nach seiner Meinung in dieser Sache fragen: Was würde er dazu sagen?"*
- *„Angenommen, Sie würden sich genauso verhalten wie B: Was würde passieren?"*
- *„Wie würde sich die Beziehung zwischen Ihnen verändern, wenn einer von Ihnen das Gegenteil dessen machen würde, was er bisher gemacht hat?"*

Hypothetische Fragen

Hierbei handelt es sich um auf die Zukunft gerichtete Fragen, die zirkulär funktionieren. Sie implizieren die Möglichkeit einer Veränderung und schaffen so neue Perspektiven. Beispiele:
- *„Angenommen, Sie machen noch mehr von dem, was Sie bisher gemacht haben: Was hätte das für Auswirkungen?"*
- *„Angenommen, Sie würden das Gegenteil von dem tun, was Sie bisher getan haben: Wie sähe das aus und was würde dann geschehen?"*
- *„Angenommen, wir würden das Problem verschlimmern wollen: Was müssten wir tun?"*
- *„Angenommen, dieses Problem wäre gelöst: Was würden Sie als Nächstes tun?"*

Ressourcenorientierte Fragen

Derartige Fragen bewegen die Energie weg vom Problem hin zur Lösung. Statt nach Schwierigkeiten und Hindernissen zu fragen, fokussiert der systemische Ansatz auf Möglichkeiten, Chancen und Ausnahmen. Beispiele:
- *„Welche Wandlungsherausforderung steckt in diesem Problem?"*
- *„Welche ähnlichen Situationen haben Sie mit Erfolg gemeistert?"*

Skalierungsfragen

Skalierungsfragen machen Unterschiede, „die einen Unterschied machen" (Bateson 1987). Oft ist es nötig, Skalierungen einzuführen, um Entwicklungen überhaupt mitzubekommen. Beispiele:

the examination of redesigning contracts. Examples:
- *"If you look back on this conflict in twenty years, what would you say about it in the event that you're successful?"*
- *"If a co-worker/colleague were to come to you with this problem, what would you advise him/her to do?"*

Circular questions

This refers to questions that make relationships visible. With this method, participants can be made aware of conflict patterns and make them manageable without the danger of accusations or allegations. Examples:
- *"Let's assume that I asked your colleague's/your customer's opinion on this matter. What would he say?"*
- *"Imagine you behaved exactly like B. What would happen?"*
- *"How would the relationship between the two of you change if one of you did the exact opposite of what you've been doing up until now?"*

Hypothetical questions

These are questions orientated on the future and featuring a circular function. They imply the possibility of a change, thereby creating new perspectives. Examples:
- *"What if you were to do more of what you've been doing? What would the effect be?"*
- *"What if you were to do the opposite of what you've been doing? What would that entail and what would happen then?"*
- *"Let's assume that we wanted to make the problem worse. What would we have to do?"*
- *"What if this problem was solved? What would you do next?"*

Resource-orientated questions

This type of question moves the energy away from the problem toward a solution. Instead of inquiring about difficulties and obstacles, the systemic approach focuses on possibilities, opportunities and exceptions. Examples:
- *"What transformative challenge is inherent to this problem?"*
- *"What similar situations have you handled successfully?"*

Scaling questions

Scaling questions make differences "that make a difference" (Bateson 1987). Often it is necessary to introduce scaling in order to become aware of developments at all. Examples:

- „Wie zufrieden sind Sie im Moment auf einer Skala von null bis zehn?"
- „Wie zufrieden können/wollen Sie auf einer Skala von null bis zehn sein?"
- „Wie weit waren Sie da schon mal?"
- „Was war anders, als Sie bei 6 waren?"

Abschließende Fragen
Dieser Fragetyp bringt Veränderungen auf den Punkt und fördert die Reflexion und die Selbstverantwortung. Beispiele:
- „Was setzen Sie um?"
- „Wie müssten Sie jetzt weiter vorgehen, damit der Konflikt langfristig gelöst ist?"

10 (Inter-)kulturelle Konflikte

Die Unterschiedlichkeit von Kulturen fällt insbesondere bei internationalen Projekten als mögliche Konfliktquelle ins Gewicht. So wie innerhalb einer Firma z.B. die Kultur der Produktionsabteilung mit der Kultur der Marketingabteilung aufeinanderstößt, stoßen hier verschiedene Nationalitäten und übernationale Wertesysteme (z.B. „westliche" und „östliche" Grundwerte) aufeinander.

Als Unternehmenskultur bezeichnet man das System von Wertvorstellungen, Verhaltensnormen, Denk- und Handlungsweisen, das von den Mitarbeitern eines Unternehmens geteilt und praktiziert wird.

Da das System „Firma" sich vom System „Nation" unterscheidet, gelten hier unterschiedliche Regeln. Dennoch ist es sinnvoll, Unternehmenskulturen auch vor einem interkulturellen Hintergrund zu berücksichtigen. Beispielsweise sind die Einflüsse von Unternehmensgründern oder Führungskräften oft auch durch ihre nationale Kultur geprägt.

Insbesondere im Rahmen von Merger und Aquisitionen (M&A, vgl. Gertsen et al. 1998) scheitern die erhofften Synergien oft an nicht bewältigten Kulturbegegnungen. Schon die Fusion zweier Firmen aus dem gleichen Kulturkreis mit der gleichen Sprache ist problematisch; die Zusammenfügung zweier Kulturen braucht viel Zeit. Aber auch die Entsendung von Mitarbeitern in ausländische Niederlassungen oder die Integration von ausländischen Mitarbeitern am Heimatstandort sind Prozesse, die man mit viel Sorgfalt und Umsicht angehen und durchführen sollte.

- *"On a scale of zero to ten, how satisfied are you at the moment?"*
- *"On a scale of zero to ten, how satisfied can you/do you want to be?"*
- *"What is the highest on the scale you have ever been?"*
- *"What was different when you were at 6?"*

Closing questions

This type of question sums up changes and promotes reflection and self-responsibility. Examples:
- *"What are you going to change?"*
- *"What would you have to do now to achieve a long-term solution to the conflict?"*

10 (Inter-) Cultural Conflicts

The different characteristics of various cultures play a significant role as a possible source of conflict, particularly in international projects. Just as, for instance, within a company the culture of the Production Department clashes with the culture of the Marketing Department, different nationalities and pan-national value systems (for example, fundamental "western" and "eastern" values) collide in this case.

The term 'company culture' describes the system of value concepts, behavioural norms, thinking and acting that is shared and practiced by the employees of a company.

Since the 'company' system differs from the 'nation' system, different rules apply to both. But it is nevertheless sensible to also consider company cultures against an intercultural backdrop. For example, the influences on company founders or management personnel are often also characterised by their national culture.

Particularly within the framework of 'Mergers and Acquisitions' (M&A, cf. Gertsen et al. 1998), the desired synergies frequently fail to emerge due to cultural clashes that are not handled properly. Even a merger between two companies from the same cultural background with the same language is already problematic; joining two cultures takes a great deal of time. But even the sending of employees to foreign branch operations or the integration of foreign employees into home branches represent processes that should be approached and executed with great care and discretion.

In der internationalen Zusammenarbeit können schon kleine „Selbstverständlichkeiten" große Konflikte auslösen, die oft gar nicht mal durch fremde Sitten begründet sind, sondern eher Kommunikationsmissverständnisse darstellen, wie sie in allen virtuellen Teams auftauchen.

Beispiel

> Herr Mayer fliegt in die USA, um verschiedene Geschäfte abzuwickeln. Zwischenzeitlich will er auch seinen Kollegen Johnston treffen. Dieser schlägt als Termin morgens um sieben vor, was Herr Mayer entsetzt ablehnt. Herr Johnston ist gekränkt. Was ist passiert?
>
> Herr Mayer hatte seinen ehemaligen „Frühaufsteherstil" schon seit einiger Zeit zugunsten eines „Langschläferstils" verändert. Die enge Zusammenarbeit mit den USA erforderte seine Anwesenheit mehr in den Abend- als in den Morgenstunden. Herr Johnston dagegen hatte, obwohl er eigentlich lieber mit seiner Familie frühstücken würde, den frühen Termin eingeräumt, um Herrn Mayer entgegenzukommen. Im Gespräch wird beiden später klar, dass Herr Johnston das Nein von Herrn Mayer als schroffen Affront erlebt hat, wohingegen dieser nur eine Grenze ziehen wollte, da er bis spät in den Abend Geschäftstermine hatte.

Vordergründig geht es bei der Bewältigung interkultureller Konflikte darum, die Normen des Gegenübers kennen zu lernen, sie in ihrer Sinnhaftigkeit als Anpassungsmechanismus an die jeweilige Umwelt zu verstehen und ins eigene Verständnisgefüge zu übersetzen.

Wie Schwarz (1997) erläutert, geht es über das Verständnis von Normen hinaus jedoch auch darum, das dahinter wirkende Ordnungsprinzip der Normen zu verstehen. Sowohl ein allgemeines Kulturbewusstsein als auch das spezifische Verständnis von Konfliktdimensionen sind Voraussetzungen für interkulturelle Kompetenz.

10.1 Kulturelle Ordnungsprinzipien erkennen

Statt von Ordnungsprinzipien könnte man auch vom kulturellen Bezugsrahmen sprechen, der die Angehörigen einer Kulturgemeinschaft wie eine zweite Haut umschließt und unbewusst steuert: Die Dinge erscheinen denen, die sich in der Kultur befinden, dann selbstverständlich, den Außenstehenden hingegen oft befremdlich.

Derartige Ordnungsprinzipien für kulturelle Gewohnheiten, Werte und Verhaltensweisen sind also die philosophisch-existen-

In international collaborative work, even small 'matters of course' can already trigger large conflicts which, often enough, are not even rooted in foreign customs, but instead are more likely to represent the kind of communication misunderstandings that emerge in all virtual teams.

> **Example**
>
> *Mr. Mayer flies to the USA to conduct a number of different business transactions. He also wants to squeeze in a meeting with his colleague, Mr. Johnston, who suggests an appointment at 7:00 a.m. Mr. Mayer declines with great irritation, about which Mr. Johnston is aggravated. What happened?*
>
> *Mr. Mayer traded in his former 'early bird' style some time ago for that of a 'late riser'. The close collaboration with the USA required his presence more in the evening than in the early morning hours. In contrast, Mr. Johnston, who actually would have preferred to have breakfast with his family, went to the trouble of keeping the early appointment open to accommodate Mr. Mayer. Both realise in a later discussion that Mr. Johnston took Mr. Mayer's 'no' as a curt affront, whereas Mr. Mayer was actually only seeking to set a limit because he had business meetings scheduled until late in the evening.*

It is central to the management of intercultural conflicts to become familiar with the norms of the other party, to understand their purpose as an adaptation mechanism to the respective environment and to translate them into one's own understanding structure.

As explained by Schwarz (1997), beyond the issue of understanding norms, it is nonetheless also important to understand the organising principle that is the source of a norm. Intercultural competence requires both a general cultural consciousness and the specific understanding of conflict dimensions.

10.1 Recognising Cultural Organising Principles

Instead of 'organising principles', one could just as easily speak of cultural frame of reference that are like a second skin to members of a particular cultural community and which unconsciously guide them: While things appear normal to those within the culture, for outsiders they can seem strange and unappealing in contrast.

Such organising principles for cultural habits, values and behavioural patterns are therefore the fundamental philosophical-exis-

zielle Systemlogik, sind logische Axiome bzw. Wertorientierungen grundsätzlicher Art, die das Denken, Wahrnehmen, Fühlen und Verhalten steuern.

Beispiel

> Nordamerikas Bevölkerung besteht, mit Ausnahme der Ureinwohner, aus Immigranten ganz unterschiedlicher Nationalitäten. Der Kontakt zwischen verschiedenen Kulturkreisen funktioniert deshalb auf der Oberfläche reibungslos, solange man sich an die Etikette der politischen Korrektheit hält (Baumer 2002). Für Außenstehende wirken Freundschaften eher oberflächlich: Man hat Freunde für verschiedene Lebenslagen und ist auch regional sehr viel flexibler als in anderen Ländern. Im Land des Individualismus – wie auch in anderen hochindustrialisierten Ländern – ist dann oft die Bindung an Haustiere groß. Die Wahrnehmung eines erstaunten Besuchers aus Lesotho dazu (zitiert nach Kohls & Knight 1994, S. 47): „Einige Amerikaner, die ich gesehen habe, scheinen es zu mögen, mit Tieren zu leben, mehr als mit Menschen. Sie behandeln ihre Haustiere wie Menschen, sie küssen sie sogar und halten sie auf dem Schoß!"

Als den verschiedenen sichtbaren Normen, Sitten, Denk-, Fühl- und Verhaltensweisen zugrunde liegende Muster kann man logische Axiome und grundlegende Wertorientierungen zur Erklärung herbeiziehen. Dem Normen- und Wertesystem des „abendländischen" bzw. westlichen Kulturkreises liegt die aristotelische Logik zugrunde. Sie besteht aus vier Axiomen, die die Entstehung von Normen auf einer Metaebene steuern (Schwarz 1997, siehe auch Aristoteles 1997):

1. Satz der Identität: Alles, was im Rahmen einer Norm festgestellt wird, muss eindeutig sein.
2. Satz vom zu vermeidenden Widerspruch: Zwei Normen dürfen einander nicht widersprechen. Der Ausschluss des Widerspruchs erfolgt dadurch, dass nur A oder B wahr sein kann.
3. Satz vom ausgeschlossenen Dritten: Normen bestehen in einem Über- und Unterordnungsverhältnis, dazwischen gibt es nichts.
4. Satz vom zureichenden Grunde: Zwischen der Anordnung und der daraus folgenden Norm muss ein ausreichender Grund gegeben sein. Dieses Prinzip ist auch als Kausalitätsprinzip bekannt.

Diese logische Grundlage wirkt als Denkprinzip und wird als unhinterfragte Selbstverständlichkeit erlebt, die erst im Kontakt mit einem Kulturkreis völlig anderer Auffassungen infrage gestellt werden kann.

tential system logics, logical axioms or value orientations that steer thought, perception, feelings and behaviour.

> **Example**
>
> With the exception of its native residents, North America's population consists of immigrants from very different nationalities. Contact between the different cultural backgrounds works smoothly at the superficial level as long as one maintains the etiquette of political correctness (Baumer 2002). For outsiders, friendships seem more superficial: One has friends for different circumstances and is also far more flexible regionally than in other countries. In the land of individualism – as in other highly industrialised countries – the bond with pets is therefore significant. Here is the perception of an astonished visitor from Lesotho (quoted according to Kohls & Knight 1994, p. 47): "Some Americans that I have seen apparently like living with animals more than they do with people. They treat their pets like people, even kissing them and keeping them on their laps!"

One can take logical axioms and fundamental value orientations as the underlying models to explain the different apparent norms, customs and manners of thinking, feeling and behaving. The norms and value system of the "occidental", i.e. western cultural background, has its roots in Aristotelian logic. This consists of four axioms or propositions that guide the emergence of norms at a metalevel (Schwarz 1997, also see Aristotle 1997):

1. Proposition of identity: Everything established within the framework of a norm must be unequivocal.
2. Proposition of contradiction which is to be avoided: Two norms may not contradict each other. The exclusion of contradiction ensues in that only A or B can be true.
3. Proposition of excluded thirds: Norms exist in a superior and subordinate relationship; there is nothing in between.
4. Proposition of sufficient grounds: There must be a sufficient reason between the arrangement and the subsequent norm. This principle is also known as the causality principle.

This logical basis functions as a principle of thought and is experienced as an unquestioned implicity which is only called into question upon contact with a cultural background based on completely different notions.

> **Beispiel**
>
> *Folgerungen aus dem ersten und dritten Axiom sind Ordnung, Klarheit, Sauberkeit, eine eindeutige Unterscheidung von wahr und falsch, gut und böse. In der Stammeslogik hingegen werden Tod und Leben, Abstammung, Geborenwerden und Verlassen dieser Welt als eigentliche Kausalität gesehen (Schwarz 1997). Nur der Tote muss ordentlich und sauber sein, der Lebende ist immer ein wenig unordentlich. So bedeutet in der buddhistischen Logik das Ordnen und Säubern nach westlicher Manier eine Affinität zum Tod.*

Derartige grundlegenden Axiome bestimmen Wertsysteme. Das fängt schon bei der Auffassung davon an, was Wahrheit ist. Vermeidbar sind Konflikte, die aus solchen grundlegenden kulturellen Unterschieden erwachsen, nur, wenn die Beteiligten auf eine Metaebene gehen und von dort aus einen gemeinsamen Lernprozess beginnen.

> **Beispiel**
>
> *Wenn Europäer und Ostasiaten in einem Meeting zusammensitzen, tritt oft folgendes Phänomen auf: Wenn ein widersprüchliches Thema auftaucht, wollen die Europäer klären, wer recht hat, und werden unruhig, wenn zu lange „unsinnig hin- und herdiskutiert" wird. Die Asiaten hingegen wollen beide Seiten sehen und fühlen sich unverstanden, wenn eine Seite vorschnell überbetont wird (nach Schwarz 1997, S. 205).*

10.2 Kulturbewusstsein entwickeln

Kulturelle Unterschiede haben Auswirkungen auf Führung, Kommunikation und die Art und Weise, wie Konflikte ausgetragen werden – und können selbst Ursache für Konflikte sein, wenn das gegenseitige Verständnis fehlt. Für die erfolgreiche Arbeit in gemischt-kulturellen Gruppen ist es daher wichtig, dass die Beteiligten ein Verständnis für die Ausprägungen von Kulturen in verschiedenen Dimensionen entwickeln, um Konflikte zu verhindern oder zu lösen (Baumer 2002, Hofstede & Hofstede 2005).

> *Kulturbewusstsein zu entwickeln bedeutet, sich der eigenen kulturellen Prägung bewusst zu werden, sie nicht als absolut zu begreifen und die Unterschiede zu anderen Kulturen zu erkennen und zu respektieren.*

> **Example**
>
> Deductions from the first and third axioms are order, clarity, cleanliness and the clear differentiation between true and false, good and evil. In contrast, tribal logic views death and life, ancestry, being born and leaving this world as actual causality (Schwarz 1997). Only death must be clean and orderly, while life is always a little untidy. As such, seen from a Buddhist logical viewpoint, organising and cleaning in accordance with western standards signifies an affinity with death.

Such fundamental axioms determine value systems. This already starts with the concept of what truth is. Conflicts stemming from such fundamental cultural differences are only avoidable if the participants go to a meta-level and start a learning process together from that point.

> **Example**
>
> The following phenomenon often appears when Europeans and Asians from the Far East sit together in a meeting: If a contradictory topic comes up, the Europeans want to clarify who is right and become impatient if there is too much 'nonsensical' back-and-forth discussion. Contrastingly, the Asians want to see both sides and feel misunderstood if one side is overemphasised too quickly (according to Schwarz 1997, p. 205).

10.2 Developing Cultural Awareness

Cultural differences affect management, communication and the manner in which conflicts are conducted – and they can even be the actual cause of conflicts if there is a lack of mutual understanding. It is therefore important for work conducted in mixed cultural groups that the participants develop an understanding for the characteristics of cultures in different dimensions in order to prevent or resolve conflicts (Baumer 2002, Hofstede & Hofstede 2005).

> *Developing cultural awareness means becoming aware of one's own cultural shaping, not conceiving of it as absolute and recognising and respecting the differences with other cultures.*

Kulturelle Einflüsse gibt es bei jeder Kommunikation – sie lassen sich nicht vermeiden, weil die Weltsicht eines jeden zwangsläufig von seiner kulturellen Prägung beeinflusst ist. Auch die Ausführungen in diesem Buch sind eindeutig von westlichen Annahmen geprägt.

Baumer (2002, S. 56) fasst die charakteristischen Eigenschaften der westlichen Kultur zusammen als Individualität, Diesseitigkeit, Rationalität, Gesetzesorientierung, Gesellschaftsvertragsgesinnung und Leistungsethik.

Vielfach sind die im Folgenden dargestellten Orientierungen, in denen sich Kulturen voneinander unterscheiden, miteinander verflochten und bilden zusammen genommen ein Werteprofil. Ähnliche Unterscheidungen sind auch für die Reflexion und das Verständnis der Unterschiede von Firmenkulturen innerhalb eines Kulturkreises und die Vermeidung von hieraus entstehenden Konflikten hilfreich.

Wahrnehmung

Geographische und gesellschaftliche Gegebenheiten führen zu unterschiedlich selektiver Wahrnehmung visueller Art (z.B. differenzieren Inuit-Völker verschiedene Schneearten, deren Unterschiede Bewohner tropischer Gefilde womöglich gar nicht wahrnehmen würden), kinästhetischer Art (z.B. welche Körperkontakte erlaubt sind), olfaktorischer Art (z.B. Bewertung natürlicher Gerüche) etc.

Zeitorientierung

Auch bei der Wahrnehmung von Zeit gibt es kulturelle Unterschiede (z.B. linear, kontinuierlich, zielgerichtet, kumulativ oder gleichbleibend), die eine Auswirkung darauf haben, welche Bedeutung der Zeit beigemessen wird. Unterschieden wird hier eine Orientierung auf die Vergangenheit (z.B. Vorfahrenkult in China, Korea), Gegenwart (Lateinamerika, Mittelmeerraum) oder Zukunft (Westeuropa, USA). Wie Baumer (2002, S. 26) feststellt: „Je höher eine Gesellschaft industrialisiert ist, desto bewusster, rationaler und sparsamer denken und handeln die Menschen in der zeitlichen Dimension."

Denken

Auch hier kann es diverse Unterschiede geben: Ist das Denken einer kulturellen Gruppierung z.B. eher logisch oder intuitiv, besteht also eine Dominanz der linken oder der rechten Hirnhälfte? Geht man eher induktiv (vom Einzelnen zum Allgemeinen) oder eher deduk-

There are cultural influences in every communication. They are unavoidable, because everyone's world view is inescapably influenced by their cultural character. Even the statements made in this book are clearly characterised by western assumptions.

Baumer (2002, p. 56) summarises the characteristic properties of western culture as individuality, worldliness, rationality, legal orientation, a partnership ethos and a work ethic.

The orientations depicted in the following section which illustrate some differences in cultures are frequently interwoven, and taken together they form a values profile. Similar differentiations are also helpful for reflecting and understanding the differences between company cultures within a single cultural background and the avoidance of subsequently emerging conflicts.

Perception

Geographical and societal circumstances lead to different selective perceptions of a visual nature (e.g. the differentiations Inuit populations make between different types of snow; differences that residents of tropical areas probably would not perceive at all), a kinaesthetic nature (e.g. what type of physical contact is allowed) and an olfactory nature (e.g. the appraisal of natural odours), etc.

Time orientation

There are also cultural differences in the perception of time (e.g. linear, continuous, target-orientated, cumulative or constant) which affect the significance attached to time. Differences in this context are an orientation on the past (e.g. ancestor cult in China, Korea), the present (Latin America, Mediterranean region) or the future (Western Europe, USA). As Baumer (2002, p. 26) establishes, "The greater a society is industrialised, the more consciously, rationally and frugally its people think and act in the dimension of time".

Thinking

There can also be diverse differences on this: For instance, if the thinking of a cultural grouping is more logical or intuitive, is there a subsequent dominance in the left or right half of the brain? Does someone think more inductively (from the individual to the gener-

tiv (vom Allgemeinen zum Konkreten) vor? Und welchen Stellenwert haben Aberglaube oder Magie (z.B. werden Zahlen in Japan bestimmte Bedeutungen zugeschrieben, so auch Telefonnummern)?

Kommunikationsstil

Sprache strukturiert Erfahrungen mit der Umwelt und vice versa. Unterschieden werden kann hier ein eher deduktiver Kommunikationsstil, bei dem ausgehend vom Allgemeinen dann das Konkrete besprochen wird, von einem induktiven Kommunikationsstil, bei dem zuerst das konkrete Problem angepackt wird, ehe generelle Probleme an der Reihe sind. Wie Stößel (2002) in einem Beispiel beschreibt, können Japaner oft mit einer allgemeinen Ansprache von Kritikpunkten nichts anfangen, da sie einen induktiven Kommunikationsstil gewohnt sind. Greift der deutsche Gesprächspartner zu einem deduktiven Vorgehen, vielleicht auch aus Vorsicht und Sorge um einen möglichen Gesichtsverlust des internationalen Partners, so findet keine Problemlösung statt. Gerade die japanische Businesswelt ist perfektionistisch orientiert. Kritik an konkreten Problemen und unter vier Augen ist völlig in Ordnung und sogar erwünscht. Einen Gesichtsverlust bedeutet nur das Kritisieren einer Person in Gegenwart Dritter.

Sprache

Gleiche Worte oder Mitteilungen haben in unterschiedlichen kulturellen Kontexten unterschiedliche Bedeutungen. Zum Beispiel bedeutet in England ein Kompromiss etwas Gutes, in den USA eine suboptimale Lösung und in Russland ist das Wort weitgehend unbekannt, da im ehemals totalitären Staat kein Platz für Kompromisse war. Auch Übersetzungsfehler sind oft die Ursache von Missverständnissen und Konflikten.

Verhaltensmuster, Sitten, Gebräuche und Normen

Ob man Hände schüttelt oder nicht, was ein Kopfschütteln bedeutet oder ob man mit dem Zeigefinger auf andere Menschen zeigt, ist von Kultur zu Kultur verschieden. So bedeutet ein Lächeln in Ostasien (Japan) oft Verlegenheit oder Unsicherheit, wohingegen es im westeuropäischen Raum meistens Freundlichkeit oder Fröhlichkeit, aber auch Ironie bedeuten kann. Direkter Blickkontakt gilt im asiatischen Raum als respektlos, in westlichen Staaten ist er eine Frage des Respekts. Zu den Gelegenheiten, an denen ein Christ die Kopfbedeckung abnimmt, bedecken sowohl Juden als auch Muslime ihren Kopf.

al) or more deductively (from the general to the specific)? And what significance do superstition or magic have (e.g. in Japan certain numbers are allocated a specific significance. Does this then include telephone numbers)?

Communication style

Language structures experience with the environment and vice versa. A distinction can be made here between a more deductive communication style, in which the specific is addressed proceeding from the general, and an inductive communication style, in which the specific problem is tackled first before general problems are handled. As Stößel (2002) describes in one example, Japanese persons often have trouble with a generalised discussion of points of criticism because they are accustomed to an inductive communication style. If the German discussion partner talks in deductive terms, perhaps even out of concern about the possible loss of face of the international partner, then no resolution of the problem will occur. The Japanese business world in particular has a perfectionist orientation. Criticism of specific problems conducted face-to-face is fully acceptable and even desired. Only criticism of someone in front of other people means a loss of face.

Language

The same words or messages have different meanings in different cultural contexts. For example, in England a compromise is something good, in the USA it is a suboptimal solution and in Russia, the word is broadly unfamiliar since there was no room for compromise in the formerly totalitarian state. Mistakes in translation are also frequently the cause of misunderstandings and conflicts.

Behavioural patterns, customs, conventions and norms

Whether one shakes hands, what shaking one's head means and whether it is appropriate to point at someone with the forefinger differs from culture to culture. For instance, a smile in the Far East (Japan) often signifies embarrassment or insecurity, while in Western Europe it generally means friendliness or merriment, or perhaps irony. In Asia, direct eye contact is seen as lacking respect, while in the west it is a sign of respect. At those occasions in which a Christian removes his hat, both Jews and Muslims cover their heads.

So gibt es zahllose Möglichkeiten und Bedeutungen von Zeichensprache, die manchmal von sehr positiv bis vulgär und negativ reichen – so bedeutet z.B. das Zeichen „Daumen nach oben" im westlichen Europa „alles klar", in der muslimischen Welt hingegen steht es für Vergewaltigung.

Aktivitätsorientierung

Hier kann man nach Baumer (2002) folgende kulturelle Ausprägungen unterscheiden:
- Linear-aktive Kulturen, in denen Planung, Organisation und Datenorientierung im Vordergrund stehen (z.B. Deutschland, Schweden);
- multi-aktive Kulturen, in denen vieles gleichzeitig getan wird und Prioritäten nicht festgelegt werden, sondern spontane und persönliche Kontakte im Vordergrund stehen (z.B. Italien, Lateinamerika, Arabien, Schwarzafrika);
- reaktive Kulturen, in denen Höflichkeit, Respekt, Einfühlungsvermögen und Balance wichtig sind (z.B. China, Japan, Finnland).

10.3 Kulturelle Konfliktdimensionen unterscheiden

Neben dem Bestreben, Kulturbewusstsein zu entwickeln, ist es günstig, sich über die spezifische Konfliktkultur und die damit zusammenhängenden Kommunikationsmuster zu informieren, die in den jeweiligen Ländern verbreitet sind.

Unterschiede betreffen hierbei die folgenden Kulturdimensionen (vgl. Baumer 2002, Hofstede & Hofstede 2005):
- Machtdistanz: Handelt es sich eher um eine Kultur mit ausgeprägter Distanz zwischen Führung und Geführten (z.B. Indien oder Frankreich) oder geringer Distanz (z.B. Deutschland, England)?
- Individualität oder Kollektivität: Gibt es eher individualistische Leistungsanreize (z.B. USA) oder spielt die Gruppe eine große Rolle? So sollte man z.B. in China nicht die Einzelmitglieder einer Gruppe, sondern nur den Leiter als Vertreter ansprechen.
- Leistungs- oder Gleichheitsprinzip: Werden Konflikte durch fairen Kampf gelöst (z.B. Japan, Österreich) oder werden ein Ausgleich und Gerechtigkeit angestrebt (z.B. Niederlande, Schweden)?
- Risikobereitschaft: Wie hoch ist das Bedürfnis danach, Risiken und Unsicherheiten zu vermeiden und dafür Regeln einzuführen (hoch z.B in Belgien, niedrig z.B. in Singapur)?

There are innumerable possibilities and interpretations of sign language, extending sometimes from very positive to vulgar and negative – for instance, the 'thumbs up' sign means "good" or "OK" in Western Europe, while in the Muslim world it means "rape".

Activity orientation

According to Baumer (2002), one can distinguish the following cultural traits:

- Linear-active cultures in which planning, organisation and data-orientation are the focus (e.g. Germany, Sweden);
- Multi-active cultures in which many things are done at once and priorities are not established; instead, spontaneous and personal contacts are the focus (e.g. Italy, Latin America, Arabia, Sub-Saharan Africa);
- Reactive cultures in which courtesy, respect, empathy and balance are important (e.g. China, Japan, Finland).

10.3 Distinguishing Cultural Conflict Dimensions

Along with efforts to develop cultural consciousness, it is a good thing to inform oneself regarding the specific conflict culture and the associated communication patterns that are common in the country in question.

In this regard, differences relate to the following cultural dimensions (cf. Baumer 2002, Hofstede & Hofstede 2005):

- Power distance: Is it a culture where there tends to be a pronounced distance between leaders and subjects (e.g. India or France) or less distance (e.g. Germany, England)?
- Individuality or collectivity: Are there individualistic performance incentives (e.g. USA) or does the group play a large role? For instance, in China one should not address the individual members of a group, but instead its leader as the group's representative.
- Performance or equality principle: Are conflicts resolved by a fair fight (e.g. Japan, Austria) or does one attempt to reach a settlement and just treatment (e.g. The Netherlands, Sweden)?
- Risk willingness: How great is the need to avoid risks and insecurities and to introduce rules to accomplish this (e.g. high in Belgium, low in Singapore)?
- Internal or external attributions: Does one look for the cause of a conflict looked at the personal level or more in structural, cultural or societal framework conditions?

- Internale oder externale Attributionen: Wird die Ursache eines Konflikts auf der persönlichen Ebene gesucht oder sucht man sie eher in strukturellen, kulturellen oder gesellschaftlichen Rahmenbedingungen?
- Konflikte oder Harmonie: Ist das Austragen von emotionalen Auseinandersetzungen eher erlaubt bzw. erwünscht oder bedeutet Emotionalität Gesichtsverlust (wie z.B. in Ostasien, Japan) für beide Seiten?
- Ursachen- oder Zielorientierung: Geht es eher um die Beherrschung von Konfliktfolgen oder um die Suche nach den Ursachen?

Diese Vielfalt an kulturellen Unterschieden ist kaum rein rational-digital lernbar. Vielmehr erfordert der Kontakt mit anderen Kulturen eine Sensitivität, eine Einfühlungs- und Assimilationsfähigkeit, die erst im Kontakt mit anderen Kulturen erworben werden kann.

> *„Fremden Kulturen ohne Kulturschock zu begegnen ist wie Schwimmen ohne Wasser." (Hofstede & Hofstede 2005)*

Inzwischen zeichnet sich ein Verständnis von Multikulturalität ab, in der die unterschiedlichen Kulturen als Bereicherung und Ergänzung gesehen werden. Benutzt wird dafür die Metapher der „salad bowl" oder „fruit bowl", in der verschiedene Bestandteile ein gemeinsames Ganzes ergeben und auch ethnische Minderheiten ihre Eigenheiten bewahren und pflegen. Dieses Verständnis löst die frühere Vorstellung von einer Verschmelzung der Ethnien zu einer transnationalen Kultur ab – so wie die USA Anfang des zwanzigsten Jahrhunderts als „melting pot" galten, in dem Minderheiten ihre Identität zugunsten der gemeinsamen amerikanischen aufgeben sollten (nach Baumer 2002).

10.4 Interkulturelle Kompetenz entwickeln

Ein wichtiges Feld der Konfliktprävention besteht darin, durch ein erhöhtes Verständnis von Kulturunterschieden und kulturbedingtem Verhalten unnötige Konflikte zu vermeiden. Für die erfolgreiche Zusammenarbeit in kulturell gemischten Teams, z.B. in Projektgruppen oder bei Unternehmensfusionen, ist daher die Fähigkeit, mit anderen Menschen erfolgreich in Kontakt zu treten, eine wichtige Voraussetzung.

- Conflicts or harmony: Does the execution of emotional conflicts tend to be permitted or even desired, or does emotionality signify a loss of face (e.g. in the Far East, Japan) for both sides?
- Cause or goal orientation: Is the primary issue controlling the consequences of a conflict or the search for its cause?

This great diversity of cultural differences can scarcely be learned in rational-digital terms. Instead, contact with other cultures requires sensitivity and a capacity for empathy and assimilation that can only be acquired in contact with other cultures.

> *"Encountering foreign cultures without culture shock is like swimming without water." (Hofstede & Hofstede 2005)*

We are meanwhile seeing an understanding of multi-culturalism in which different cultures are viewed as an enrichment and supplementation. The metaphor of the 'salad bowl' or 'fruit bowl' is used in describing this view, in which all the different components result in a whole and ethnic minorities also retain and maintain their idiosyncrasies. This understanding replaces the former concept of a coalescing of ethnicities into a transnational culture, as the USA was seen at the start of the Twentieth Century as a "melting pot" in which minorities were expected to sacrifice their identities in favour of a common American identity (according to Baumer 2002).

10.4 Developing Intercultural Competence

An important field of conflict prevention consists of avoiding unnecessary conflicts through the increased understanding of cultural differences and culturally related behaviour. For successful collaboration in culturally mixed teams, for instance in project groups or in the case of company mergers, the ability to successfully enter into contact with other people is therefore an important prerequisite.

Intercultural competence actually is nothing more than social competence. As such, Baumer (2002) for example designates the basic qualifications required for social activity for the intercultural sector as

(Inter-)kulturelle Konflikte

Interkulturelle Kompetenz ist eigentlich nichts anderes als soziale Kompetenz. So benennt z.B. Baumer (2002) die für den interkulturellen Bereich notwendigen Grundqualifikationen sozialen Handelns als

- Normenflexibilität (situationsadäquate Normenanpassung),
- Rollendistanz (situationsangemessenes Einnehmen von Rollen),
- Rollenflexibilität (verschiedene Rollen einnehmen können),
- Frustrationstoleranz (nicht immer die eigenen Ziele durchsetzen müssen),
- Empathie (sich in andere Menschen einfühlen),
- Ausdrucksfähigkeit (die eigenen Bedürfnisse und Ziele artikulieren),
- Konfliktfähigkeit (Konflikte aushalten und fair lösen),
- Ambiguitätstoleranz (Spannungsfelder ertragen),
- kommunikative Kompetenz (die Fähigkeit, den gewohnten Kommunikationsstil zu erweitern),
- Kooperationsfähigkeit (konstruktiv und produktiv im Team arbeiten).

Damit auf breiter Basis (inter-)kulturelle Kompetenz entstehen kann, gibt es folgende Ansatzpunkte:

Verfahrensweisen zur Förderung sozialer bzw. interkultureller Kompetenz
Z.B. Trainee-Programme oder geplante Rotationen in verschiedenen Firmeneinheiten.

Gezielte Maßnahmen zur Förderung sozialer bzw. interkultureller Kompetenz
Z.B. Seminare, Coaching. Stößel (2002) unterscheidet hier Kulturinformationsseminare, in denen ein grober Überblick über spezielle Kulturen vermittelt wird, „Culture Awareness"-Maßnahmen, die ein Bewusstsein über die eigene kulturelle Prägung vermitteln, „Culture Assimilator"-Maßnahmen, die in eLearning-Programmen konflikträchtige Felder aufarbeiten, und schließlich „Contrast Culture"-Trainings, in denen der Umgang mit schwierigen Situationen geübt wird.

Befähigung des Managements, interkulturell zu handeln
..., also die Führung je nach kulturellem Kontext, Werten, Normen und Einstellungen der Mitarbeiter zu gestalten. So nimmt in einer von Hierarchie- und Harmoniedenken geprägten Gesellschaft wie

- Norm flexibility (norm adaptation appropriate for the situation),
- Role distance (assumption of roles appropriate for the situation),
- Role flexibility (the ability to take on different roles),
- Frustration tolerance (not having to always assert one's own objectives),
- Empathy (the ability to empathise with others),
- Expressive ability (the capability to articulate one's own needs and objectives),
- Conflict ability (the capability to endure and resolve conflicts fairly),
- Ambiguity tolerance (the ability to tolerate tension fields),
- Communicative competence (the ability to expand one's accustomed communication style),
- Cooperation capability (the ability to work constructively and productively in a team).

The following pointers are for nurturing (inter)cultural competence to exist on a broad basis:

Methods for the promotion of social or intercultural competence

For example, trainee programmes or scheduled rotations in different company units.

Targeted measures for the promotion of social or intercultural competence

Seminars and coaching, for instance. On this matter Stößel (2002) distinguishes between cultural information seminars, in which a rough overview of special cultures is conveyed, "Cultural Awareness" measures conveying a consciousness of one's own cultural character, "Cultural Assimilator" measures that work on conflict-prone fields in e-learning programmes, and finally, "Contrast Culture" training sessions in which dealing with difficult situations is practiced.

Enabling management to act interculturally

... i.e. configuring the management in accordance with the cultural context, values, norms and attitudes of the employees. Accordingly, in a society characterised by a hierarchical, harmonious mentality such as Japan or Korea, the supervisor takes on something of a father-figure role, the management style tends to be more patriar-

Japan oder Korea der Chef eine Art Vaterrolle ein, der Führungsstil ist eher patriarchalisch, die Eigeninitiative der Mitarbeiter eher gering, dafür aber die Lern- und Einsatzbereitschaft hoch.

Schaffung multikultureller Teams auch im Heimatland der Muttergesellschaft

Viele Firmen verstehen immer noch unter „interkulturell", dass sie in internationalen Märkten tätig sind und Mitarbeiter in die Gesellschaften entsenden. Inzwischen besteht der Trend jedoch darin, vor Ort einheimische Führungskräfte einzusetzen, da es für Entsandte oft schwierig ist, in fremden Kulturen wirklich Fuß zu fassen. Beispielsweise ist es für nicht-asiatische Führungskräfte ziemlich schwierig, überhaupt die Stimmung der asiatischen Mitarbeiter einzuschätzen. Ein weiterer um sich greifender Trend besteht darin, Mitarbeiter anderer Kulturen in die Holding oder Stammgesellschaft zu holen. Das hat den Vorteil, dass diese die Originalfirmenkultur und -struktur kennen lernen und dass die Stammmitarbeiter andersherum direkt mit anderen Kulturen und anderem Know-how konfrontiert werden. So können sie vor Ort und in der Praxis interkulturelles Handeln lernen.

Schaffung einer Lern- und Feedbackkultur

Hier wird versucht, durch gezielte Strategien die ganze Organisation in Richtung lernender Organisation zu bewegen. Dies erfolgt durch die strukturelle und kulturelle Förderung von Kernkompetenzen in Gebieten wie persönlichen Kompetenzen, Visionsentwicklung, Teamlernen und Systemdenken (Senge 1990).

Förderung interkultureller Kompetenz

Die Förderung interkultureller Kompetenz erfolgt immer in drei Schritten:

1. Kenntnis der eigenen und der fremden Kultur sowie ein Bewusstsein für die Unterschiede zwischen den Kulturen erlangen
2. Anerkennen und Respektieren der kulturellen Unterschiede
3. Gezielte Pflege von latenten möglichen Konfliktfeldern

10.5 Die Organisation entwickeln

Begreift man Unternehmen als lebendige soziale Systeme, so ist ein integrativer Prozess der Organisationsentwicklung (OE) insbesondere bei internationalen Mergers, Firmenkäufen oder anderen größeren Umwälzungsprozessen notwendig, bei denen kulturelle

chal, individual employee initiative tends to be lower, but the willingness to learning and the commitment to work is high.

The creation of multi-cultural teams also in the home country of the parent company

Many companies still understand "intercultural" as signifying that they are active in international markets and that they send employees to their foreign affiliate operations. However, the trend meanwhile is toward employing local management personnel, since it is frequently difficult for transferred personnel to really get a handle on things in foreign cultures. For example, it is relatively difficult for non-Asian management personnel to assess the mood of Asian employees. Another increasingly popular trend consists of bringing employees from other cultures into the holding or parent company. This entails the benefit that the imported employees get to know the original company culture and structure, and conversely, that the domestic employees are directly confronted with other cultures and other know-how, enabling them to learn intercultural activity on-site and in everyday practice.

The creation of a learning and feedback culture

This attempts to use targeted strategies to move the entire organisation in the direction of a learning organisation. This is achieved through the structural and cultural promotion of core competencies in the areas of personal skills, vision development, team learning and systematic thinking (Senge 1990).

Promotion of Intercultural Competence

The promotion of intercultural competence always ensues in three steps:

1. Recognition of one's own culture and the foreign culture, as well as achieving an awareness of the differences between the cultures
2. Acknowledging and respecting the cultural differences
3. Targeted supervision of possible latent conflict fields

10.5 Developing the Organisation

If one conceives of companies as living social systems, then an integrative process of organisational development (OD) is particularly necessary in international mergers, company acquisitions or other turbulent large-scale processes in which cultural or inter-

oder interkulturelle Unterschiede zu einem neuen Ganzen zusammengeführt werden müssen.

> *OE ist ein Veränderungsprozess einer Organisation und der darin tätigen Menschen und bedeutet das aktive Umwandeln von Konflikten und Konfliktpotenzialen in konstruktive Veränderungsenergie.*

Die systemische Organisationsentwicklung (Baumgartner et al. 2004, Königswieser et al. 2002) basiert dabei auf der integrativen Berücksichtigung von Struktur, Strategie und Kultur als integriertes Ganzes (Abb. 11).

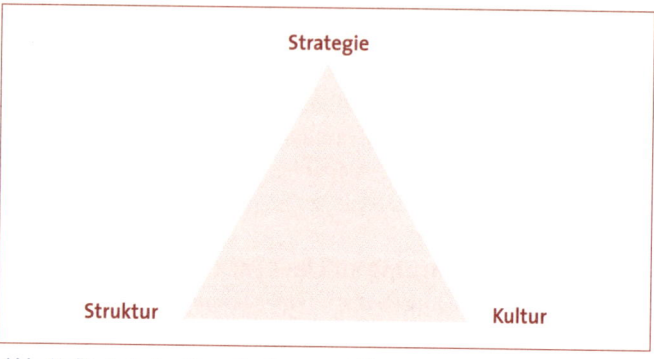

Abb. 11: Dreieck der Organisationsentwicklung

Veränderung im Rahmen systemischer Organisationsentwicklungsprozesse findet dabei nach folgenden Prinzipien statt:
- Betroffene zu Beteiligten machen
- Ausrichtung an Visionen
- Menschen und Organisationen verbinden (Unternehmenszweck und -ziele mit den individuellen und sozialen Zielsetzungen der Mitarbeiter verbinden)
- Komplexität ermöglichen (unterschiedliche Sichtweisen und Perspektiven zulassen)
- Lernen in Prozessen
- Ressourcenorientierung (Wertschätzung von Fähigkeiten, Stärken, Chancen und Zielen)
- Umsetzungsorientierung und -begleitung

cultural differences must be merged into a new whole.

> *OD is a process of change for an organisation and its employees, signifying the active transformation of conflicts and conflict potentials into the constructive energy of change.*

Systemic organisational development (Baumgartner et al. 2004, Königswieser et al. 2002) is based in this regard on the integrative consideration of structure, strategy and culture as an integrated whole (Ill. 11).

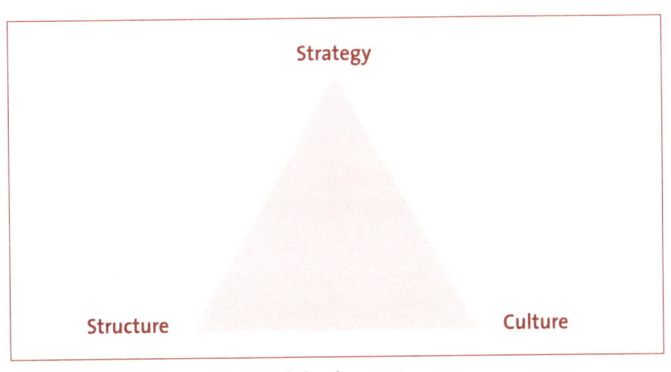

Ill. 11: Triangle of organisational development

Change in the framework of systemic organisational development processes thereby takes place in accordance with the following principles:
- Making participants out of the people affected
- Orientation on visions
- Binding people and organisations (binding the company purposes and objectives with the individual and social aims of the employees)
- Enabling complexity (allowing different viewpoints and perspectives)
- Learning in processes
- Resource orientation (appreciation of abilities, strengths, opportunities and objectives)
- Implementation orientation and supervision

Eine konstruktive Streitkultur entwickeln

Um kulturelle oder interkulturelle Konflikte langfristig konstruktiv zu lösen, ist es hilfreich, eine positive Konfliktkultur zu entwickeln. Glasl (1990) weist darauf hin, dass konfliktträchtige Gruppen- oder Firmenkulturen durch folgende Merkmale gekennzeichnet sind:
- ein gemeinsames Leitbild und ein gemeinsames (verzerrtes) Außenbild,
- auf die Mitglieder wird Gruppendruck ausgeübt,
- eine starke interne Solidarität,
- interne Konflikte werden nicht gelöst, da „das Problem" die Außenwelt ist,
- wenn zentrale Figuren das Team verlassen, zerfällt es

Im Gegensatz zu konfliktträchtigen Kulturen, in denen Konflikte eher negativ ausgelebt oder unter den Teppich gekehrt werden, wird unter einer Konfliktkultur, oft auch Streitkultur (vgl. Bach & Wyden 2001) genannt, eine Kultur verstanden, in der
- es möglich ist, offen über Probleme zu sprechen,
- bestehende Widersprüche, Spannungsfelder und Gegensätze nicht unter den Teppich gekehrt, sondern konstruktiv bearbeitet werden,
- die Konfliktpartner sich nicht als Gegner, sondern als Partner auf gleicher Ebene begegnen und einen Dialog führen können,
- dem Partner auch bei unterschiedlichen Interessen und Auseinandersetzungen Wertschätzung entgegengebracht wird,
- eigene Bedürfnisse und Gefühle ausgedrückt werden und Interesse an denen des anderen gezeigt wird,
- beide Parteien Verantwortung für ihr Handeln übernehmen,
- die Partner sich an einem übergeordneten Ziel orientieren und
- das primäre Ziel eine Einigung der Konfliktparteien ist.

Developing a Constructive Conflict Culture

In order to resolve cultural or intercultural conflicts in a sustainable and constructive manner, it is helpful to develop a positive conflict culture. Glasl (1990) notes that conflict-prone group or corporate cultures are distinguished by the following characteristics:
- A common vision and a common (distorted) external image;
- Group pressure is exercised on the members;
- Strong internal solidarity;
- Internal conflicts are not resolved, since 'the problem' is the outside world;
- Teams collapse if the central figures leave.

In contrast to conflict-prone cultures in which conflicts tend to be experienced in a more negative atmosphere or are simply swept under the carpet, a conflict culture, in German also called 'argument culture' (cf. Bach & Wyden 2001), is understood to be a culture in which
- it is possible to talk about problems openly,
- existing contradictions, tension fields and differences are not swept under the carpet, but instead are worked through constructively,
- the conflict partners do not meet as opponents, but instead as partners at the same level that can conduct a dialogue,
- the conflict partner is met with appreciation, even in the face of conflicts and diverging interests,
- one's own needs and feelings are expressed and interest is shown in the other party,
- both parties assume responsibility for their deeds,
- the conflict partners focus on an overriding objective, and
- the primary aim is mutual consent of the conflict parties.

11 Umgang mit Mobbing

Die Bezeichnung Mobbing kommt vom englischen Wort „mob", einer Verkürzung des lateinischen Begriffs „mobile vulgus" (aufgewiegelte Volksmenge, Pöbel). Zunächst wurde der Begriff vom Tierpsychologen Konrad Lorenz verwendet, der damit den Angriff einer Gruppe von Tieren auf einen Eindringling bezeichnete. In den 1960er-Jahren fand der Begriff Eingang in die Sozialforschung.

11.1 Hintergründe kennen

Die Bundesanstalt für Arbeitsschutz- und Arbeitsmedizin (BAuA 2003, S. 7) definiert Mobbing folgendermaßen:

> „Mobbing bedeutet, dass jemand am Arbeitsplatz systematisch und über einen längeren Zeitraum schikaniert, drangsaliert, benachteiligt und ausgegrenzt wird."

Mobbing ist meist ein schwerwiegender Substitutionskonflikt, d.h. ein Konflikt, bei dem verschiedene strukturelle oder kulturelle Themen stellvertretend auf der persönlichen und Beziehungsebene ausgetragen werden. Oft stauen sich ungelöste Konflikte im Rahmen von Umstrukturierungen und Personalabbau auf, die dann zu Mobbing führen. So stellt das BAuA (2003, S. 4) einen Fall aus Japan dar, in dem Mitarbeiter ohne jegliche Büroausstattung und Aufgaben unter Redeverbot kalt gestellt wurden. Ziel dieser Maßnahme war es, dass diese Mitarbeiter von sich aus kündigen würden, denn in Japan ist es undenkbar, dass das Unternehmen die Kündigung ausspricht. Doch so etwas gibt es nicht nur in Japan.

Die vier Phasen des Mobbing-Prozesses

Ungelöster Konflikt: Wird ein ungelöster Konflikt nicht besprochen, kommt es zu Schuldzuweisungen und vereinzelten persönlichen Angriffen.

Der Psychoterror beginnt: Es entstehen chaotische Zustände. Die eigentliche Konfliktursache tritt in den Hintergrund, während der Betroffene immer häufiger zur Zielscheibe von Schikanen wird. Damit einher gehen soziale Ausgrenzung und psychologische Folgen (z.B. der Verlust des Selbstwertgefühls).

Arbeitsrechtliche Sanktionen: In der Eskalation wird die gemobbte Person so stark verunsichert, dass sie sich schlecht konzentrieren kann und Fehler macht – sie gilt zunehmend als problematisch. Die Folgen sind dann arbeitsrechtliche Sanktionen wie Abmahnung, Versetzung oder die Androhung von Kündigung.

11 Handling Mobbing

The term 'mobbing' comes from the word "mob", an abbreviation of the Latin phrase "mobile vulgus" (enraged group of people, rabble). The term was initially used by animal psychologist Konrad Lorenz to describe the attack by a group of animals on an intruder. In the 1960s, the word came to be used in social research.

11.1 Knowing the Background

The Bundesanstalt for Arbeitsschutz- and Arbeitsmedizin (BAuA 2003, p. 7) ('Federal German Agency for Occupational Health, Safety and Medicine') defines mobbing as follows:

> *"Mobbing means that someone is systematically bullied, harassed, discriminated against and excluded over an extended period of time at their place of employment."*

Mobbing is generally a serious substitution conflict, i.e. a conflict in which different structural or cultural topics are vicariously battled out at the personal and relationship levels. Frequently, unresolved conflicts build up within the framework of restructuring measures and personnel lay-offs, which then lead to mobbing. The BAuA (2003, p. 4) highlights a case from Japan in which employees were neutralised by being prohibited from talking while being equipped with no office equipment whatsoever and assigned with no duties. The aim of the measure was to persuade the employees to quit, because it is unthinkable in Japan for a company to declare a termination. But this kind of thing is not found only in Japan.

The Four Phases of the Mobbing Process

Unresolved conflict: If an unresolved conflict is not discussed, accusations and individual personal attacks follow.

The psycho-terror begins: Chaotic conditions arise. The actual cause of the conflict fades into the background while the person in question increasingly becomes the target of harassment. This goes hand-in-hand with social exclusion and psychological consequences (the loss of self-esteem, for example).

Labour law sanctions: In the wake of the escalation, the mobbed person becomes so insecure that their concentration is affected and they make mistakes – the person is increasingly seen as problematic. This results in legal labour relations sanctions such as warnings, transfer or the threat of termination.

> **Der Ausschluss:** Das Ziel der Mobber ist erreicht, wenn die betroffene Person ausgeschlossen wird, weil sie kündigt, in einen Auflösungsvertrag einwilligt oder weil ihr gekündigt wird.

Es lassen sich drei Kategorien von Mobbing unterscheiden:
- Mobbing auf der Arbeitsebene: z.B. die Anordnung von sinnlosen Tätigkeiten, ständige massive Über- oder Unterforderungen durch entsprechende Aufgaben, massive und unsachliche Kritik an der Arbeit des Mitarbeiters, Unterschlagung oder Manipulation von Arbeitsergebnissen, Infragestellen von Entscheidungen und Fähigkeiten des Mitarbeiters, Zurückhaltung von arbeitsrelevanten Informationen etc.
- Mobbing auf der sozialen Ebene: z.B. üble Nachrede, Ausstreuen von Gerüchten, Sich-Lustig-Machen, Diffamierungen, Verunglimpfungen und Beschimpfungen, Entzug der Meinungsfreiheit, Ignorieren und demonstratives Schweigen, kollektives Verlassen des Raumes bei Erscheinen des Mitarbeiters etc.
- Mobbing auf gesundheitlicher Ebene: z.B. körperliche Gewalt, Zwang zum Verrichten von gesundheitsschädigenden Arbeiten ohne Schutz, sexuelle Übergriffe, Anrichten von Schäden am Arbeitsplatz oder im privaten Umfeld des Betroffenen etc.

In der Ursachenanalyse hat man festgestellt, dass es kein typisches „Gemobbten"-Profil gibt, jedoch Risikogruppen: Frauen, Auszubildende, ältere Beschäftigte sowie Mitarbeiter/-innen in Banken oder im Pflegebereich (BAuA 2003, S. 14). Anders als bei den Opfern ist das Täter-Profil klar umrissen: „Bringt man es auf den Punkt, so handelt es sich beim typischen Mobber um einen männlichen Vorgesetzten zwischen 34 und 54 Jahren, der bereits langjährig im Betrieb beschäftigt ist" – so schlussfolgert die BAuA aus einer repräsentativen Befragung (BAuA 2003, S. 16).

11.2 Strukturelle Bedingungen schaffen

Um Konflikte bis hin zu Phänomenen wie Mobbing zu verhüten, können Firmen strukturelle Voraussetzungen schaffen, die für ein gutes Betriebsklima und eine offene Konfliktkultur sorgen. Das betrifft insbesondere die Art der Einführung, Begleitung und Umsetzung struktureller Veränderungen (z.B. Umstrukturierungen, Fusionen, Einführung neuer Technologien und Arbeitsformen):
- Eine gute Arbeitsorganisation mit klaren Zuständigkeiten, die zu Förderung, Selbstverantwortung, Motivation, konstruktiven Auseinandersetzungen und Weiterentwicklung führt.

> **Exclusion:** The aim of the mobbers is achieved when the affected person is excluded because they quit, agree to a termination contract or they are fired.

Three categories of mobbing can be distinguished:
- Mobbing at the work level: e.g. orders to conduct non-sensical tasks, constant and massive overworking or under-challenging in the corresponding assignments, massive and impertinent criticism of the employee's work, the concealment or manipulation of work results, the questioning of the decisions and abilities of the employee, holding back information relevant to the work, etc.
- Mobbing at the social level: e.g. malicious gossip, spreading rumours, making fun of the person, defamation, slander and insults, withdrawal of freedom of opinion, ignoring and demonstrative silence, collectively leaving the room when the person appears, etc.
- Mobbing at the health level: e.g. physical violence, coercion to conduct dangerous work without protection, sexual assaults, vandalising the workplace or the private environment of the affected person, etc.

Cause analysis has found that there is no typical 'mobbing victim' profile, but there are risk groups: Women, trainees, older employees and employees of banks or in the health care sector (BAuA 2003, p. 14). In contrast to the victims, the perpetrator profile is clearly outlined: "If one brings the matter to the point, then the typical mobber is a male supervisor between 34 and 54 years of age who has been employed in the company for a long time" – this is the conclusion of the BAuA from a representative survey (BAuA 2003, p. 16).

11.2 Creating Structural Conditions

In order to avert conflicts which can extend up to the phenomenon of mobbing, companies can create structural conditions that ensure a good working climate and an open conflict culture. This has to do in particular with the way in which the introduction, supervision and implementation of structural changes are conducted (e.g. restructuring measures, mergers and the introduction of new technologies and work forms):
- A good working organisation with clarified responsibilities that lead to promotion, individual responsibility, motivation, con-

Umgang mit Mobbing

- Eine kreative Arbeitsgestaltung, die abwechslungsreich und ansprechend ist und die die Mitarbeiter einbezieht und in angemessenem Maße fordert.
- Rechtzeitige und umfassende Information über Entscheidungen, über Arbeitsabläufe und organisatorische Veränderungen und deren Auswirkungen.
- Beteiligung der Mitarbeiter an Veränderungsprozessen.
- Schaffung einer lernenden Organisation (Senge 1990) durch Projektorganisation, Schulung von Vorgesetzten und Einführung von Feedbacksystemen, in der Veränderung und Entwicklung als Normalität betrachtet werden.
- Betriebliche Instanzen und Vereinbarungen (helfen können Beschwerdesysteme wie „Kummerkasten", Betriebsvereinbarung Mobbing oder betriebliche Schlichtungsstellen).
- Personalauswahl von Führungskräften auch nach Kriterien der Sozialkompetenz, Ausbildung von Mediatoren.
- Faires und transparentes Personalabbauverfahren (wird das Verfahren fair durchgeführt, besteht auch bei den verbleibenden Mitarbeitern eine höhere Motivation und Identifikation).

Rechtliche Grundlagen

Im Gegensatz zu anderen Ländern, z.B. Frankreich, gibt es in Deutschland kein Anti-Mobbing-Gesetz, da die Rechtslage bereits umfassenden Schutz vor Mobbing bietet und ein gesetzliches Verbot nur symbolische Bedeutung hätte. Denn das Grundgesetz endet nicht am Werkstor: Mobbing ist dort durch §1 („Die Würde des Menschen ist unantastbar") und §2 („Jeder Mensch besitzt das Recht auf die freie Entfaltung seiner Persönlichkeit sowie das Recht auf körperliche Unversehrtheit") verboten.

Auch die Rechtspflichten für Arbeitgeber und Arbeitnehmer sind im Bürgerlichen Gesetzbuch (BGB) und im Betriebsverfassungsgesetz (BetrVG) geregelt: So obliegt dem Arbeitgeber der Schutz des Persönlichkeitsrechts und der sonstigen Rechtspositionen wie Gesundheit und Ehre des Arbeitnehmers, er ist dafür verantwortlich, einen menschengerechten Arbeitsplatz zur Verfügung zu stellen und die Arbeitnehmerpersönlichkeit zu fördern. In jedem Schuldverhältnis, wie insbesondere dem Arbeitsverhältnis, besteht die Pflicht zur Rücksicht gegenüber den Rechten, Rechtsgütern und Interessen des Vertragspartners (§241 Abs. 2 BGB).

Aber der Arbeitgeber hat nicht nur eigene Pflichten, sondern auch eine gesetzliche Handhabe gegen „Mobber" in seinem Unternehmen. Er hat die Aufgabe, die Arbeitnehmer auch vor Belästigungen durch Mitarbeiter oder Dritte zu schützen, auf die er einen vertraglichen Einfluss hat.

structive conflicts and continued development.
- A creative arrangement of the work that is diversified and appealing, and which includes the employees and challenges them appropriately.
- Prompt, comprehensive information on decisions, work processes and organisational changes and their ramifications.
- Involvement of the employees in processes of change.
- The creation of a learning organisation (Senge 1990) through project organisation, the training of supervisors and the introduction of feedback systems in which change and development are viewed as normality.
- Operational entities and agreements (complaint systems such as the "Suggestion Box", company mobbing agreements or company arbitration boards).
- The selection of management personnel in accordance with criteria of social skills, the training of mediators.
- Fair, transparent personnel lay-off procedures (if the process is conducted fairly, then the remaining employees also retain greater motivation and company identification).

Legal Principles

In contrast to other countries such as France for example, Germany has no specific anti-mobbing legislation, since legal provisions already provide comprehensive protection from mobbing and a legal ban would only have symbolic meaning. This is because the constitutional law does not stop at the factory gate: Mobbing is prohibited in §1 ("The dignity of human beings is inviolable") and §2 ("Every person shall have the right to the free development of their personality as well as the right to physical inviolability").

The legal obligations for employers and employees are also covered in the German Civil Code (BGB) and in the Industrial Constitution Act (BetrVG): Thus the employer is obligated to protect the personal rights and the other legal positions such as the health and the honour of the employee, and is responsible for providing a workplace appropriate for human beings and to promote the employee's personality. Every contractual obligation, such as an employment relationship in particular, bears the obligation for the regard of the rights, objects of legal protection and the interests of the contractual partner (§241, Sec. 2 of the BGB).

And employers not only have obligations, but also a legal mechanism against 'mobbers' in their company. Employers must also protect the employee from harassment from other employees or third parties upon which the employer has a contractual influence.

11.3 Psychologische Spiele und Machtspiele beenden

Psychologische Spiele sind wiederkehrende ungute Kommunikationsmuster, die unbewusst und ungewollt ablaufen und die mit der Ausblendung vorhandener Möglichkeiten beginnen und mit unguten Gefühlen enden (Berne 2007). Ähnlich sind Machtspiele strukturiert – hier werden jedoch bewusst Tricks und Manöver verwendet, um das Verhalten einer anderen Person zu kontrollieren, statt direkt darum zu bitten. Solche Manöver und Tricks werden auch als unfaire Dialektik bezeichnet.

Die Drei-Schritt-Strategie zur Abwehr psychologischer Spiele und Machtspiele besteht im Erkennen, Konfrontieren und Aussteigen.

Erkennen von Abwertungen

Im ersten Schritt geht es darum, subtile und offene Konfliktsignale zu erkennen. Konflikte fühlen sich oft wie „Dramen" an. Wir besetzen dann die psychologischen Rollen des Opfers, des Verfolgers und des Retters (Karpman 1986). Wann immer Konflikte auf einer verdeckten Ebene stattfinden und ungute Gefühle im Spiel sind, kann man mindestens eine dieser drei Rollen bei sich selbst feststellen oder bei anderen beobachten.

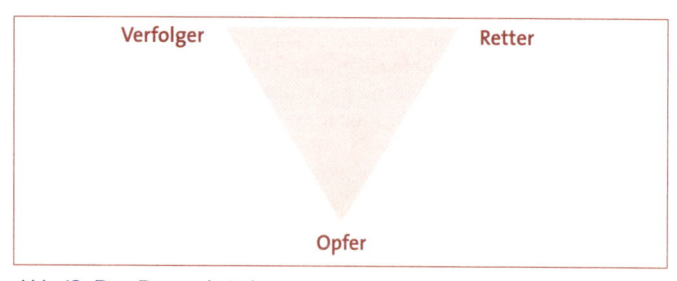

Abb. 12: Das Dramadreieck

Dabei ist das Opfer jemand, der sich als unzulänglich empfindet und glaubt, seine Angelegenheiten nicht allein regeln zu können. Der Verfolger hat einen besonderen Blick für die Schwächen von anderen, setzt andere herab oder zieht über sie her. Der Retter startet ebenfalls aus einer überlegenen Position. Bei ihm ist die Abwertung bzw. Herabsetzung der anderen oft nicht sofort so offensichtlich wie beim Verfolger, denn er bietet Hilfe an. Doch dadurch, dass er das auch ungefragt tut, übertritt er oft Grenzen und übersieht die Fähigkeiten des „armen Opfers".

Konfrontieren: Den Schlag abwehren

Bei der Neutralisierung von Machtspielen und deren Umwandlung

11.3 Ending Psychological Games and Power plays

Psychological games are recurrent, unfavourable communication patterns which proceed unconsciously and involuntarily, beginning with the mental dismissal of available possibilities and ending with detrimental emotions (Berne 2007). Power plays have a similar structure, but they involve using conscious tricks and manoeuvres to control the behaviour of another person instead of directly requesting such. Such manoeuvres and tricks are also known as unfair dialectic.

The three-step strategy for countering psychological games and power games consists of recognising, confronting and exiting.

Recognising belittlements

The first step focuses on recognising subtle and open conflict signals. Conflicts often feel like "dramas". We then take on the psychological roles of the victim, the persecutor and the rescuer (Karpman 1986). Whenever conflicts take place at a concealed level and ill feelings are in play, one can recognise at least one of these three roles either in oneself or observe them in others.

Ill. 12: The drama triangle

The victim here is someone who feels inadequate and believes that they cannot take care of their concerns on their own. The persecutor has a good nose for other peoples' weaknesses, belittles others or makes fun of them. The rescuer also starts from a superior position. His/her discounts or disparagement of others is often not as obvious as that of the persecutor, because the rescuer offers help. But by doing so without being asked to, the rescuer frequently exceeds borders and overlooks the abilities of the "poor victim".

Confronting: Warding off the blow

Neutralising power games and turning them into a cooperative coexistence in the second step depends primarily on one's own

in ein kooperatives Miteinander kommt es im zweiten Schritt hauptsächlich auf die eigene Einstellung und Wahrnehmung an. Wenn wir dem anderen keine Kooperationsfähigkeit zutrauen, konstruieren wir damit eine Wirklichkeit, die allzu leicht zur selbsterfüllenden Prophezeiung wird. Um wirkliche Kooperation zu schaffen, hilft der Glaube, dass in allen Beteiligten der Keim dazu steckt. Oft genügt es dann schon, nachzufragen, bestehende Machtverhältnisse aufzuklären und offen zu legen. Generell können hier die in Kapitel 8 dargestellten Interventionen situativ und kulturell angemessen eingesetzt werden (Ich-Botschaften senden und Feedback geben, gemeinsame Ziele erarbeiten und im Auge behalten, aktives Zuhören etc.).

Aussteigen: Kreative Lösungen finden

Häufig ist es in diesem dritten Schritt wichtig, die hinter der unangenehmen Kommunikation liegenden Bedürfnisse zu erkennen und ihnen adäquat zu begegnen (vgl. gewaltfreie Kommunikation, S. 148). Weitere kreative Strategien zum Auffangen von psychologischen Spielen und Machtspielen sind je nach Situation z.B.:

- Strategie und psychologische Rolle im Dramadreieck bewusst wechseln
- Verlangsamen und Distanz einnehmen: „Was machen wir hier eigentlich?"
- Unabhängig von einzelnen ungünstigen Kommunikationssituationen Anerkennung und Wertschätzung vermitteln
- Ab- oder Unterbrechen, eine Pause einlegen
- Eigene Fehler erkennen und zugeben
- Paradox intervenieren (z.B. übertreiben, bewusst mitspielen)

11.4 Aktiv (Gespräche) führen

Fazit aus verschiedenen Studien ist, dass Mobbing nur selten individuell gelöst werden kann, sondern dass unternehmensübergreifende Interventionsstrategien erforderlich sind, die sowohl vorbeugend als auch hellend wirken. Führungskräften kommt dabei eine besonders zentrale Funktion zu:

Die offene Ansprache von Mobbinghandlungen und das aktive Vereinbaren von Teamspielregeln sind zentrale Führungsmaßnahmen.

Dazu kann ggf. die Einführung einer Betriebsvereinbarung zum Thema Mobbing oder „Faires Verhalten am Arbeitsplatz" zählen, die Folgendes beinhalten sollte:

attitude and perception. If we fail to trust the others to be capable of cooperation, we construct a reality that can all too easily become a self-fulfilling prophecy. In order to create genuine cooperation, it helps to believe that all of the participants have what it takes. It is often sufficient simply to make an inquiry and then to lay open and clarify the existing power structures. Generally speaking, in such situations the interventions described in Chapter 8 can be employed in a manner appropriate for the situation and the culture (giving "I" messages and feedback, working out mutual aims and keeping an eye on them, active listening, etc.)

> **Exiting: Finding creative solutions**
>
> It is frequently important in this third step to recognise and adequately meet the needs underlying the objectionable communication (cf. non-violent communication, p. 149). Some additional examples of creative strategies for intercepting psychological games and power plays in accordance with the situation are listed here below:
>
> - Consciously change the strategy and psychological role in the drama triangle
> - Slow things down and obtain distance: "What are we actually doing here?"
> - Express recognition and appreciation, regardless of individual, unfortunate communication situations
> - Break off or interrupt the proceedings, take a break
> - Acknowledge and admit your own mistakes
> - Intervene paradoxically (e.g. exaggerate, consciously play along)

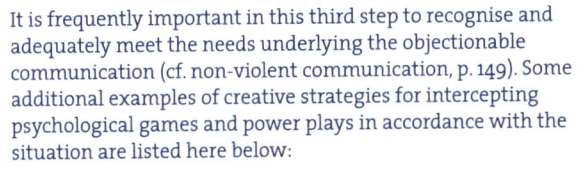

11.4 Managing (Discussions) Actively

The conclusion of various studies is that mobbing can only rarely be resolved individually. Instead, intervention strategies that apply for the entire company are required that are both preventative and have a healing effect. Managers have a particularly central function in this process:

> *Openly addressing mobbing activities and the active agreement of team rules are central management measures.*

If necessary, this could include the introduction of a company-wide agreement on the subject of mobbing or "Fair play on the Job" containing the following items:

Umgang mit Mobbing

- Eine klare Definition von Mobbing
- Festlegung von Sanktionen im Falle eines Verstoßes gegen die Vereinbarung
- Maßnahmen zur konkreten Bewältigung von Konflikten
- Maßnahmen zur präventiven Verbesserung des Betriebsklimas
- Einrichtung eines betrieblichen Beschwerderechts
- Festlegung des Verfahrensablaufs bei Beschwerden

Bei der direkten Ansprache von Konflikten ist es hilfreich, einige Empfehlungen zu beachten. Schulungen für Führungskräfte, Kollegen und Betroffene können die Gesprächskultur unterstützend fördern.

Anti-Mobbing-Ratgeber

Für Führungskräfte
- *Beziehen Sie eindeutig Position.*
- *Enttabuisieren Sie Mobbing.*
- *Sorgen Sie für klare Strukturen und Aufgabenverteilungen.*
- *Seien Sie ansprechbar.*
- *Moderieren Sie bei Differenzen.*
- *Schalten Sie ggf. einen Mediator ein.*
- *Lassen Sie Betroffene mitentscheiden.*

Für Betroffene
- *Wehren Sie sich frühzeitig.*
- *Suchen Sie Kontakt mit den Tätern.*
- *Analysieren Sie Konfliktursachen und machen Sie Lösungsvorschläge.*
- *Suchen Sie Verbündete.*
- *Nutzen Sie Hilfsangebote (Führungskraft, Betriebsrat, Beratungen, Fortbildungen, Selbsthilfegruppen).*
- *Dokumentieren Sie Ihre Arbeitsleistung und Mobbing-Vorgänge.*
- *Bauen Sie Stress ab (Sport, Entspannung, Urlaub, Kur ...).*

Für Kollegen
- *Sprechen Sie die betroffene Person direkt an.*
- *Beachten Sie die Regeln der gewaltfreien Kommunikation.*
- *Nehmen Sie die betroffene Person ernst.*
- *Analysieren Sie die Situation sachlich und vorurteilsfrei.*
- *Klären Sie Unterstützungsbedarf (Gespräche, Handlungsangebote, Rechtsbeistand).*
- *Arbeiten Sie aktiv Intrigen und Gerüchten entgegen.*
- *Sprechen Sie mögliche Täter und Mitläufer direkt an.*

- A clear definition of mobbing
- The establishment of sanctions in the event of a violation of the agreement
- Measures for the specific settlement of conflicts
- Measures for the preventative improvement of the work climate
- The institution of a company-wide right of remedy for complaints
- The establishment of a procedural process in the event of complaints

In directly addressing conflicts, it is helpful to observe a few recommendations. Training measures for managers, colleagues and affected persons can play a supportive role in promoting a discussion culture.

Anti-mobbing Guide

For managers
- *Take a clear position.*
- *Remove the taboo status of mobbing as a topic.*
- *Ensure clear structures and delegation of duties.*
- *Be approachable.*
- *Moderate in the event of differences.*
- *If need be, make use of a mediator.*
- *Allow those affected to participate in the decision.*

For affected persons
- *Defend yourself early on.*
- *Seek out contact with the perpetrator(s).*
- *Analyse conflict causes and make solution recommendations.*
- *Seek out allies.*
- *Take advantage of offers of help (manager, works council, counselling, advanced training, self-help groups).*
- *Document your work performance and the mobbing activities.*
- *Break down stress (sports, relaxation, holidays, health resort treatments ...).*

For colleagues
- *Speak directly to the affected person.*
- *Observe the rules of non-violent communication.*
- *Take the affected person seriously.*
- *Analyse the situation objectively and without prejudice.*
- *Check on support needs (discussions, action proposals, legal representation).*
- *Work actively to counter schemes and rumours.*
- *Speak directly to possible perpetrators and their accomplices.*

Stichwortverzeichnis

Abhängigkeits- und Gruppenentwicklungskonflikte 84
Abwertungen 188
Analoge und digitale Herangehensweise an Konflikte 60 ff.
Anbahnung 28
Antreiber 130 ff.
Aristotelische Logik 162
Ausbruch 30

Bewertungskonflikt 14
Beziehungskonflikt 16
Beziehungspflege 84
Blockaden 60

Chronifizierung 32

Dialog 142 ff.

Eisbergmodell 126
Emotionalisierung 30
Eskalationsmechanismen 40
Eskalationsprozesse und -dynamiken 28, 32, 46
Eskalationsstufen 48

Feedback 140, 176
Feindbildmechanismus 44
Führungsstile 150 ff.

Generalisierungsmechanismus 42
Gewaltfreie Kommunikation 148
Grundannahme der Konfliktvermeidung 34
Grundannahme der Unlösbarkeit 34

Harvard-Konzept 104
Heiße und kalte Konflikte 28 ff.

Implosion 32
(Inter-)kulturelle Konflikte 18, 158 ff.
Interpunktionsmechanismus 42
Interrollenkonflikte 82
Interventionsstrategien 34 ff., 98 ff.
Intrarollenkonflikte 82

Killerphrasen 20, 26
Konflikte, innere, persönliche 10, 16
Konflikte, soziale 8, 16

Konfliktarten 12 ff.
Konfliktebenen 20 ff.
Konfliktentwicklungsphasen 30
Konfliktgeschichte 36, 40
Konfliktkultur 180
Konfliktmoderation 108
Konfliktparteien 10
Konfliktprozesse 22
Konfliktsignale 20 ff.
Konfliktstile 68, 72, 152
Konfliktsymptome 20 ff.
Konfliktursachen 18
Konfliktverlauf 28
Konfrontation 30
Kulturdimensionen 170 ff.

Machteingriff 116
Mechanismus der Komplexitätsreduktion 42
Mechanismus der „sich selbst erfüllenden Prophezeiung" 44
Mediation 110 ff.
Mentales Training 78
Mobbingkategorien 184
Modell der Identitätssäulen 124
Multikulturalität 172, 176

Neurolinguistische Programmierung 136
Nutzen von Konflikten 58

Offener Kampf 30
Organisationsentwicklung 176 ff.

Projektionsmechanismus 44

Rationalisierung 28
Rollenkonflikt 16
Rollenwelten 80
Rückzug 30

Sachkonflikt 18
Schlichtungsverfahren 116
Spannungen 8, 30
Spannungsfeld 8 ff., 88 ff.
Systemische Fragen 154 ff.

Teamfaktoren 86

Unternehmenskultur 158
Ursachenanalysen 38

Veränderungsprozesse 58, 64, 128

Verhaltensstrategien 72 ff.
Verhärtung 30 ff.
Verteilungskonflikt 16

Widerstand 64 ff.

Zielkonflikt 14

Index

Analogue and digital approach to conflicts 61 et sqq.
Arbitration proceedings 117
Aristotelian logic 163

Basic assumption of avoiding conflicts 35
Basic assumption of irreconcilability 35
Behavioral strategies 73 et sqq.
Benefits of conflicts 59
Blockages 61

Cause analyses 39
Change processes 59, 65, 129
Chronification 33
Company culture 159
Conflict causes 19
Conflict culture 181
Conflict history 37, 41
Conflict levels 21 et sqq.
Conflict moderation 109
Conflict parties 11
Conflict processes 23
Conflict signals 21 et sqq.
Conflict styles 69, 73, 153
Conflict symptoms 21 et sqq.
Conflict types 13 et sqq.
Confrontation 31
Courses of conflicts 29
Cultural and intercultural conflicts 19, 159
Cultural dimensions 171

Dependency und group development conflicts 85
Dialogue 143 et sqq.
discounts 189
Distribution conflicts 17
Drivers 131 et sqq.

Emotionalisation 31
Enemy image mechanism 45
Escalation mechanisms 41
Escalation phases 49
Escalation processes and dynamics 29, 33, 47
Evaluation conflicts 15

Feedback 141, 177

Generalisation mechanism 43

Hardening 31 et sqq.
Harvard Concept 105
Hot and cold conflicts 29 et sqq.

Iceberg model 127
Identity pillars model 125
Implosion 33
Initiation 29
Internal personal conflicts 11, 17
Interpunction mechanism 43
Inter-role conflicts 83
Intervention of power 117
Intervention strategies 35 et sqq., 99 et sqq.
Intra-role conflicts 83

Killer phrases 21, 27

Management styles 151 et sqq.
Mechanism of complexity reduction 43
Mediation 111 et sqq.
Mental training 79
Mobbing categories 185
Multi-culturalism 173, 177

Neuro-linguistic programming 137
Nonviolent communication 149

Objectives conflicts 15
Open battle 31
Organisational development 177 et sqq.
Outbreak 31

Phases of conflict development 31
Projection mechanism 45

Rationalisation 29
Relationship conflicts 17
Relationship management 85
Resitance 65 et sqq.
Retreat 31
Role conflicts 17
Role worlds 81

Social conflicts 9, 17
Systemic questioning 155 et sqq.

Team factors 87

Tension fields 9 et sqq., 89 et sqq.
Tensions 9, 31
The „self-fulfilling prophecy" mechanism 45
Topic-related conflict 19

Literaturverzeichnis

Altmann, G. / Fiebiger, H. / Müller, R.: Mediation. Weinheim 1999.
Aristoteles: Metaphysik. Schriften zur ersten Philosophie. Stuttgart 1997.
Bach, G. / Wyden, P.: Streiten verbindet. 19. Aufl. Frankfurt a. M. 2001.
Bateson, G.: Geist und Natur. Frankfurt a. M. 1987.
BAuA (Bundesanstalt für Arbeitsschutz und Arbeitsmedizin): Wenn aus Kollegen Feinde werden. Dortmund 2003.
Baumer, T.: Handbuch Interkulturelle Kompetenz. Zürich 2002.
Baumgartner, I. / Häfele, W. / Schwarz, M. / Sohm, K.: OE-Prozesse. 7. Aufl. Bern 2004.
Benien, K.: Schwierige Gespräche führen. Reinbek 2003.
Berkel, K.: Konflikttraining. 7. Aufl. Heidelberg 2002.
Berne, E.: Spiele der Erwachsenen. 8. Aufl. Reinbek 2007.
Bion, W. R.: Experiences in Groups. London 1968.
Bohm, D.: Der Dialog. Stuttgart 1998.
Buchinger, K.: Supervision in Organisationen. Heidelberg 1997.
Doppler, K. / Lauterburg, C.: Change Management. 11. Aufl. Frankfurt a. M. 2005.
Eberspächer, H.: Gut sein, wenn's drauf an kommt. 2. Aufl. München 2008.
Ernst, F.: The OK Corral: The Grid for Get-On-With. Transactional Analysis Journal, Vol. 4, 1971.
Fey, G.: Gelassenheit siegt. 8. Aufl. Regensburg 2005.
Fischer-Epe, M.: Coaching. 4. Aufl. Reinbek 2007.
Fisher, R. / Ury, W. / Patton, B.: Das Harvard-Konzept. 22. Aufl. Frankfurt a. M. 2004.
Gertsen, M. C. / Soderberg, A.-M. / Torp, J. E. (Eds.): Cultural Dimensions of International Mergers and Acquisitions. Berlin 1998.
Glasl, F.: Konfliktmanagement. 8. Aufl. Bern 2004.
Goleman, D.: Emotionale Intelligenz. 19. Aufl. München 2007.
Goleman, D.: Leadership That Gets Results. Harvard Business Review, March–April 2000 (p. 79–90)
Goleman, D.: Emotionale Führung. 3. Aufl. Berlin 2005.
Gordon, T.: Managerkonferenz. 19. Aufl. Reinbek 2005.
Gottman, J. M.: Die 7 Geheimnisse einer glücklichen Ehe. Berlin 2006.
Goulding, M.: „Kopfbewohner" oder: Wer bestimmt dein Denken? 6. Aufl. Paderborn 2000.
Höher, P. / Höher, F.: Konfliktmanagement. 4. Aufl. Freiburg 2007.

Hofstede, G. / Hofstede, G. J.: Cultures and Organizations. 2nd ed. New York 2005.

Holtbernd, T.: Der Humorfaktor. Paderborn 2002.

Kahler, T.: Das Miniskript. 1977. In: Barnes et al.: Transaktionsanalyse seit Eric Berne. Berlin 1980.

Karpman, S.: Fairy tales and script drama analysis. Transactional Analysis Bulletin 7, 26, 1986, p. 39–43.

Kießling-Sonntag, J.: Erfolg beginnt im Kopf – 99 Tipps für mentale Stärke. Berlin 2006.

Königswieser, R. / Keil, M. (Hrsg.): Das Feuer großer Gruppen. 2. Aufl. Stuttgart 2002.

Kohlrieser, G.: Hostage at the table. San Francisco 2006.

Kohls, L. R. / Knight, J. M.: Developing Intercultural Awareness. Yarmouth 1994.

Kreyenberg, J.: Arbeitsstil- und Kommunikationsanalyse mithilfe des Konzepts „Antreiber" (AKA). In: Zeitschrift für Transaktions-Analyse (ZTA). Paderborn 2003.

Kreyenberg, J.: Konfliktmanagement. 2. Aufl. Berlin 2005.

Oppermann-Weber, U.: Handbuch Führungspraxis. Berlin 2001.

Pullig, K.-K.: Innovative Unternehmenskulturen. Leonberg 2000.

Risto, K.-H.: Konflikte lösen mit System. 2. Aufl. Paderborn 2005.

Rosenberg, M. B.: Gewaltfreie Kommunikation. 7. Aufl. Paderborn 2007.

Schein, E. H.: Unternehmenskultur. Frankfurt a. M. 1995.

Schmid, B.: Wo ist der Wind, wenn er nicht weht. Paderborn 1994.

Schmid, B.: Systemisches Coaching. 2. Aufl. Bergisch Gladbach 2006.

Schwarz, G.: Konfliktmanagement. Wiesbaden 1997.

Schulz von Thun, F.: Miteinander reden 3. Reinbek 1998.

Senge, P. M.: The fifth discipline. New York 1990.

Sprenger, R. K.: Mythos Motivation. Frankfurt a. M. 1992.

Sprenger, R. K.: Die Entscheidung liegt bei dir. Frankfurt a. M. 2001.

Stößel, A.: Den Blickwinkel erweitern. managerSeminare, Heft 53 2002.

Thomann, C.: Klärungshilfe: Konflikte im Beruf. Reinbek 2002.

Tuckman, B. W. / Jensen, M. A. C.: Stages of small group development revisited. In: Group and Organizational Studies, 2 (1977), p. 419–427.

Tumuscheit, K.: Überleben im Projekt. Heidelberg 2007.

von Hertel, A.: Professionelle Konfliktlösung. Frankfurt a. M. 2003.

Watzlawick, P. / Beavin, J. H. / Jackson, D.: Menschliche Kommunikation. 11. Aufl. Bern 2007.

Die Autorin

Jutta Kreyenberg (Jg. 1960), Dipl.-Psychologin, leitet das Institut für Coaching & Supervision (www.CoachingSupervision.de) und ist Gesellschafterin bei Professio GmbH (www.professio.de), einem Ausbildungsinstitut für Coachs und Berater. Sie hat seit über zwanzig Jahren Erfahrung in Konfliktmanagement, Coaching, Führungskräftetraining und Organisationsentwicklung. Darüber hinaus war sie selbst Führungskraft in einem internationalen Großunternehmen.

The Author

Jutta Kreyenberg (born 1960), certified psychologist, heads the "Institut für Coaching & Supervision" (www.CoachingSupervision.de) and is a partner in Professio GmbH (www.professio.de), a training institute for coaches and advisors. She has over twenty years of experience in conflict management, coaching, management personnel training and organisational development. In addition, she was herself formerly a manager in a large international corporation.

Handwerkszeug
Konsequent zweisprachig

Die mündliche Kommunikation spielt in Unternehmen und Organisationen eine herausragende Rolle bei der Mitarbeiterführung. Das zweisprachige Buch informiert über alle wichtigen Gesprächsarten und bietet dafür konkrete Leitfäden, Gesprächsstörungen eingeschlossen.

Jochem Kießling-Sonntag
Mitarbeitergespräche
192 Seiten, kartoniert
ISBN 978-**3-589-23954-2**

Weitere Informationen zum Programm erhalten Sie im Buchhandel oder unter
www.cornelsen.de/berufskompetenz

Cornelsen Verlag
14328 Berlin
www.cornelsen.de

Balance halten
Für Teamleistung und -leitung

Der Band zeigt, wie man Arbeitsgruppen zu Teams entwickelt, ein Team zu optimaler Leistung führt und mit Konflikten umgeht. Dabei werden in dem zweisprachigen Buch die Kommunikations- und Konfliktkompetenz sowie die Kultursensibilität betont, die gerade in international zusammengesetzten Teams unabdingbar ist.

Udo Haeske
Teamentwicklung
192 Seiten, kartoniert
ISBN 978-**3-589-23964-1**

Weitere Informationen zum Programm erhalten Sie im Buchhandel oder unter
www.cornelsen.de/berufskompetenz

Cornelsen Verlag
14328 Berlin
www.cornelsen.de

Cornelsen